QUANQIUHUA SHIDAI DE
WENHUA JIAOWANG JIQI ZOUXIANG

全球化时代的
文化交往及其走向

李佩环 ◎ 著

中 国 出 版 集 团
世界图书出版公司
广州·上海·西安·北京

图书在版编目（CIP）数据

全球化时代的文化交往及其走向 / 李佩环著. —广州：世界图书出版广东有限公司，2013.7

ISBN 978-7-5100-6657-3

Ⅰ．①全… Ⅱ．①李… Ⅲ．①文化交流—研究—世界 Ⅳ．①G115

中国版本图书馆 CIP 数据核字（2013）第 160127 号

全球化时代的文化交往及其走向

策划编辑	赵　泓
责任编辑	阮清钰
封面设计	陈　璐
出版发行	世界图书出版广东有限公司
地　　址	广州市新港西路大江冲 25 号
电　　话	020-84459702
印　　刷	武汉三新大洋数字出版技术有限公司
规　　格	787mm×1092mm　1/16
印　　张	11
字　　数	170 千
版　　次	2013 年 7 月第 1 版　2013 年 7 月第 1 次印刷
ISBN	978-7-5100-6657-3/G・1403
定　　价	38.00 元

序

　　实践作为人的根本存在方式被自觉揭示出来，是唯物史观的诞生过程所实现的观念史上的革命性变革。其中，与人类如影随形的文化自然被看成是实践的产物，而非实践之外的神秘东西。为此，实践与文化的关系就有进一步深入思考和探索的必要。本书作者正是立足于这个角度，认为人类在物质生产实践及其相应的交往实践中形成与发展起来的那种具有超越现实的意义取向才是文化的本质，这是文化具有"化人"的魅力所在。因此，文化在交往中实现自身，文化交往的本质和意义在于共享人类在实践活动中创造的精神性成果。在这个意义上，人类在文化交往中实现自身，文化交往的每一个发展都是人类迈向文明的一步。

　　全球化时代的交往普遍化是由资本的推动而行进并以资本为主导的，因而以全球化推进过程为背景建立起来的文化交往，不能不成为明显势差的不平等交往，凸现出多维的向度：文化同质化、文化多元化与文化混合化。其中，文化同质化与文化多元化作为全球化时代文化交往的强势表达，使文化交往遭遇到了文化冲突的现实难题。正是基于这一问题意识，本书对文化交往呈现出的多维走向逐一进行了剖析，并指出文化同质化与文化多元化所导致的文化冲突的深层根源在于文化差异、利益关系、文化本质主义的思维方式以及全球化时代文化交往的自身状况。通过这一分析，明晰了文化交往主体之间既同一又斗争的关系，从而提出文化冲突本身作为文化交往深化但又交往不充分的结果，因此文化冲突的化解是能够通过文化的自我解构来不断突破自身，进而为文化交往开辟道路的。从文化冲突走向文化间的相互宽容与尊重，文化交往将使人类文化呈现为多元文化的相融与并存。

　　研究全球化时代的文化交往问题的落脚点是中国文化的现代性发展，是为了在全球化进程中推进中国文化现代性发展的文化自觉。中国文化现代性发展的问题，是传统文化与现代性文化的关系问题，也是中国文化与当代世界文化的关系问题。围绕这一核心问题，本书反思了中国文化的现代化发展路径，其目的在于彰显一种在文化交往中的积极的文化自觉与文化宽容心态。

如果说共生于人类实践活动过程的文化交往，在漫长的农耕文明时代基本上是在非常有限的范围内展开，甚至在一定程度上还是处于被遮蔽的状态的话，那么，随着生产力的普遍发展，交通和通讯条件的巨大改进，人们的普遍交往建立起来，也即全球化时代的来临，造成"地域性的个人为世界历史性的、经验上普遍的个人所替代"，同样，也"把一切民族甚至最野蛮的民族都卷到文明中来了"，"使一切国家的生产和消费都成为世界性的了"，① 文化交往由此成为人的存在方式，同时也上升为理论思考自然聚焦的重大课题。惟其如此，选择这样具有挑战性的问题进行思考，对任何人而言都是需要巨大勇气的。但是，问题本身的复杂程度也决定了作者不太可能在博士论文的框架结构中穷尽文化交往的所有方面，以至于有些方面的相关问题浅尝即止，暂时被搁置起来了。比如，文化交往与文明冲突的问题，虽然本书探讨了文化冲突，但是文化冲突与文明冲突之间是一种什么关系却并未被深入涉及并探究，这直接关系到应该如何准确把握曾经影响极大的"文明冲突"论。建议作者能够在以后的学术研究工作中继续围绕此问题开展深入的研究，尤其注重结合历史，进一步推进文化交往的理论研究。

据我所知，作者于 2003 年进入中山大学哲学系学习，师从我国著名马克思主义哲学家叶汝贤教授，在唯物史观与现时代这一方向展开研究。"全球化时代的文化交往及其走向"可以说是她在这个研究方向的具体成果。我相信，本书不仅是作者在认真研读马克思主义的经典著作和中外专家论著的基础上取得的成就，凝聚了作者的多年心血，更是饱含着其导师叶汝贤先生的深深关爱。借这个机会，我想特别表达对已经差不多仙逝 4 年之久的先贤叶先生的真切怀念，感谢他在世之日对晚辈们的多方关照乃至提携。

是为序。

黎玉琴
2013 年 6 月

---

① 《马克思恩格斯选集》第一卷，北京：人民出版社 1995 年版，第 86、276 页。

目　录

第一章 导 论

当人类进入全球化时代，全球化无疑成为当今世界一切重大问题的最基本的背景框架。尤其是它在广度、强度、速度以及影响方面这四个维度上的推进所形成的强势语境，使一切重大问题甚至关于人的最深层次的存在方式问题都与之密切相关，并在话语体系和问题界域上发生了重大的转换。"我们这个时代所经历的、由全球化所描绘的巨大的转型式进程，除非从文化的概念性词汇去着手，否则就很难得到恰如其分的理解。"① 因此，对现实的文化问题的认识，是对全球化认识的必然要求，对全球化本身及其文化影响的探讨则是把握现实文化问题发生发展的必要前提。

一、全球化及其实质

关于"全球化"，虽然人们已从经济、政治、文化等不同的角度去作出解释，但各种解释可以说都仅止于对作为结果的全球化现象的一种描述，而没有对全球化现象本身的历史必然性进行说明。其实，早在一百多年前，马克思就以"世界历史"这一唯物史观的基础性范畴揭示了人类社会全球化发展的动因、发展趋势及过程。因此，"回到马克思"将对正确认识全球化的实质大有裨益。

马克思认为，世界历史形成的根本原因在于生产力的发展以及与之相应的交往的普遍发展。在马克思看来，生产物质生活本身作为一切历史的一个基本条件，是人类永不停歇的实践活动。在这个活动中，"已经得到满足的第

---

① ［英］约翰·汤姆林森. 全球化与文化. 郭英剑译. 南京：南京大学出版社，2002. 1.

一个需要本身，满足需要的活动和已经获得的为满足需要而用的工具又引起新的需要"，① 而这种新的需要的产生推动着生产工具不断地改进，生产持续地发展。生产力水平的不断提高，最明显地表现在分工的发展程度上。"任何新的生产力，只要它不是迄今已知的生产力单纯的量的扩大，都会引起分工的进一步发展。"② 于是，从民族内部的分工到各民族之间的相互关系，生产力的发展与分工的扩大日益要求突破以往自然形成的各民族的孤立状态，克服民族生产和民族分工的狭隘性、片面性，实现全面的交往，以便同整个世界的生产（也包括精神生产）发生实际的联系，获得利用全球的这种全面的生产（人们所创造的一切）的能力。基于此，"各个相互影响的活动范围在这个发展进程中越是扩大，各民族的原始封闭状态则由于日益完善的生产方式、交往以及因交往而自然形成的不同民族之间的分工消灭得越是彻底，历史也就越是成为世界历史。"③ 可见，生产力是一种革命性的力量，它总是以自身的运动来突破已有的交往形式，打破边界，消除"孤立"，以相互往来与相互依赖取代自给自足与闭关自守，把世界联成一个整体，使每个人的需要的满足都依赖于整个世界。正如马克思所说，"历史向世界历史的转变，……是完全物质的、可以通过经验证明的行动，每一个过着实际生活的、需要吃、喝、穿的个人都可以证明这种行动。"④ 由此可见，人类最基本的实践活动——生产及其相应的交往实践的不断发展促成了人类历史向世界历史的转变。这一转变过程也是促成全球化形成与发展的基本过程。尽管马克思没有使用"全球化"这个概念，但正如任平教授从马克思对"世界历史"的一系列描述中所得出的结论：这是一个造就"世界历史"、"统一的世界体系"即全球化的时代。⑤ 全球化是世界历史的进一步的和更高的发展阶段。

世界历史形成与发展的直接动因在于资本的本性。马克思在《德意志意识形态》中指出："如果在英国发明了一种机器，它夺走了印度和中国的无数劳动者的饭碗，并引起这些国家的整个生存形式的改变，那么，这个发明便成为一个世界历史性的事实；同样，砂糖和咖啡是这样来表明自己在 19 世纪具有的世界历史意义的：拿破仑的大陆体系所引起的这两种产品的匮乏推动

---

① 马克思恩格斯选集. 第2版. 北京：人民出版社，1995，1：79.
② 马克思恩格斯选集. 第2版. 北京：人民出版社，1995，1：68.
③ 马克思恩格斯选集. 第2版. 北京：人民出版社，1995，1：88.
④ 马克思恩格斯选集. 第2版. 北京：人民出版社，1995，1：89.
⑤ 任平. 资本全球化与马克思——马克思哲学的出场语境与本真意义. 哲学研究，2002，12：3.

了德国人起来反抗拿破仑，从而就成为光荣的 1813 年解放战争的现实基础。"① 由此可见，历史向世界历史的转变，是资产阶级赖以形成的生产资料和交换手段促成的。资本是天生的国际派，不断更新交往手段、不断扩大交往范围以创造统一的世界市场的趋势直接就包含在资本的概念本身中。资本只有在不断扩大生产和产品销路的过程中才能得以巩固和生存，它"如果不扩大其统治范围，如果不开发新的地方并把非资本主义的古老国家卷入世界经济的漩涡，它就不能存在与发展"。② 因此，"资本一方面要力求摧毁交往及交换的一切地方限制，夺得整个地球作为它的市场，另一方面，它又力求用时间去消灭空间，……资本越发展……就越是力求在空间上更加扩大市场，力求用时间去更多地消灭空间。"③ 可见，资本的本性是一种扩张性。在这种扩张性的驱使下，资产阶级孜孜不倦地奔走于全球各地，到处落户，到处开发，到处建立联系，把一切民族甚至最野蛮的民族都卷到文明中来，迫使它们——如果它们不想灭亡的话——采用资产阶级的生产方式，推行资产阶级的文明，从而创造出一个资本的世界，即在资本主义生产方式的基础之上构筑一张由世界贸易与世界市场组成的"世界之网"。"资产阶级，由于开拓了世界市场，使一切国家的生产和消费都成为世界性的了。"④ 世界贸易与世界市场的建立就是世界历史的直接表现。很显然，资本直接推动着人类历史转向世界历史。当然，真正的世界历史的实现是全球资本主义的灭亡和共产主义作为世界历史性的存在，因而在向世界历史转变的过程中，即在全球化的推进过程中，资本始终充当着"历史的不自觉的工具"。伴随着"世界历史"的形成过程，全球化的推进尽管经历着不同的发展阶段，且每一阶段的表现形式与具体内容也不尽相同，但全球化的实质始终是资本的全球化，全球化的核心、动力是建立在工业文明基础上的资本主义生产方式，全球化是按照资本的逻辑行进的，是资本发展的过程和结果。

因此，全球化的主导和主体力量必然是资产阶级以及他们建立在资本主义生产方式基础之上的发达资本主义国家。它们推进全球化正是要造就一个资本主义的世界体系。这意味着，资产阶级及其发达的资本主义国家在当前和今后很长一个历史时期内都将是影响和决定全球化进程和方向的主导力量。

① 马克思恩格斯选集. 第 2 版. 北京：人民出版社，1995，1：88—89.
② 列宁选集. 第 3 版. 北京：人民出版社，1995，1：232.
③ 马克思恩格斯全集. 北京：人民出版社，1980，46（下）：33.
④ 马克思恩格斯选集. 第 2 版. 北京：人民出版社，1995，1：276.

资本的这种主导地位使得全球化的结果首先是有利于资产阶级及其建立的资本主义国家的，它们成为全球化的最大受益者。而当全球化给资产阶级及其国家带来巨大利益的同时，落后的民族与国家却日益边缘化，世界的两极分化日趋严重。这种状况明显说明，全球化作为资本力量的统治与扩张，"不过是帝国主义的另一名称"。① "因为它试图根据一种比任何东西都更有效地服务于一些利益的新的全球想象来重新建构世界。"② 一切不符合资本发展诉求的东西，都在应被消灭之列。因此，可以肯定地作出这样的判断，我们仍然生活在资本主义占统治地位的时代，这个资本的时代是我们理解今天的世界及其变化的基础。在这里，值得一提的是，资本推进的过程也是现代化的进程，所以全球化是在世界现代化进程中推行的全球化，现代化是在全球化背景下进行的现代化。全球化总是和现代性问题联系在一起。

对于一种另类的全球化——"反全球化"来说，它作为全球化的对立面，以批判全球化的弊端、净化全球化的运动甚至消解全球化本身的姿态来审视与反思全球化，③ 但这种姿态"正如表面上反现代的姿态从某种意义上说不可避免是现代的东西一样"，④ 其本身不可避免地也是被包裹在全球性的话语之中的。在这个意义上，尽管迄今为止的全球化还是资产阶级及资本主义国家占据主导的地位，尽管与此相对的"反全球化"运动风起云涌，但是，全球化作为人类历史向世界历史推进中的一个客观趋势，是一个谁也回避不了的宿命，对待全球化的任何姿态都不可能从全球化的进程中后退。因此，无论站在什么样的立场上，人们都无法否认的事实是：当前的全球

---

① ［英］查尔斯·洛克. 全球化是帝国主义的变种. 王宁，薛晓源主编. 全球化与后殖民批评. 北京：中央编译出版社，1998. 43.

② 转引自王宁主编. 全球化与文化：西方与中国. 北京：北京大学出版社，2002. 125.

③ 对于"反全球化"，有学者认为，反全球化是指对全球化的否定，对全球化片面性的批评，对全球化（跨国公司、自由贸易、科技创新与国际经济体系全球扩张）的担心，对全球化代表的新阶段资本主义（即"全球资本主义"）的回击，对全球化加剧所带来的贫富鸿沟、社会分裂、环境灾难等社会与环境问题的不满等，是对全球化力量的抵制，属于当代的反世界体系运动，对方兴未艾的全球化运动具有积极的"净化"作用；有学者从与全球化相反的方面指出，"反全球化"是把当前世界的一切经济、政治、民族、社会文化问题的产生根源都归结到"全球化"上来，认为只要反对了全球化，就能拯救世界，为此而采用激进的、非理性的，甚至是街头暴力对抗的方式；有学者则认为，反全球化是观察全球化的另一种视角，是在经济之外用文化的视角来观察和反思全球化，是对全球化的文化反动。参见庞中英. 另一类全球化——对"反全球化"现象的调查与思考. 俞可平主编. 全球化：西方化还是中国化. 北京：社会科学文献出版社，2002. 181—200；沈骥如. 如何看待反全球化浪潮. 前线，2001，10；21—23；韩震. 反全球化的陷阱. 王东，丰子义，聂锦芳主编. 马克思主义与全球化. 北京：北京大学出版社，2003. 313—321；金民卿. 文化全球化与中国大众文化. 北京：人民出版社，2004. 49.

④ ［美］罗兰·罗伯森. 全球化. 上海：上海人民出版社，2000. 14.

化正背负着资本的使命在整体推进。

二、全球文化交往的基本图景

整体推进的全球化不仅把每一个民族，而且把人类活动的每一个领域，都纳入到了全球化或者"世界历史"的实现进程中。文化当然也难以游离于全球化进程之外。不仅如此，文化还以其时间性的存在呈现为全球化时代的实践的话语。"话语和实践互相依存。实践需要遵循话语，而话语则产生于实践。"① 从全球化的实践来看，主导全球化进程的资产阶级及资本主义国家的文化与价值观念由于能够凭借资本的力量渗透到他民族国家，从而打破了原来各民族文化之间闭关自守的狭隘状态，使各民族文化日益开放并呈现出一种同质化的趋向。换句话说，全球化时代的文化交往实践要求并创造着一种普世性的全球资本主义文化。

在全球化的诸种文化体现形式中，人们最直接感受到和经历的全球文化形式是全球化的消费文化。从表层上看，"几乎没有什么像国际品牌、大众文化偶像和工业品以及卫星向各大洲成千上万的人现场直播重大事件那样如此直观，覆盖面广并且渗透力强。"② 全球化最大众化的象征如可口可乐、麦当娜和 CNN（美国有线新闻网络）新闻等，它们借助于经济交往，通过商品的扩张，以电信、广播和交通等基础设施为媒介进入到人们的日常生活中，并且在这一过程中不断淡化与地方性结构之间的差异与矛盾，侵入到世界的每一个角落，使文化传播具有无限的可能。这种无限的可能性，说到底，是由于全球化时代经济与文化之间的亲密关系，即经济越来越"文化化"③ 的事实使"商品生产现在是一种文化现象"，④ 从而使人们不难感受到经济交往与文化交往之间有着微妙的契合关系。由此，人们所体验到的全球化，就不仅是资本、劳动力和商品在全球的交往中所凸现的一体化、标准化，而是一种

① ［日］三好将夫. 没有边界世界？从殖民主义到跨国主义及民族国家的衰落. 汪晖，陈燕谷主编. 文化与公共性. 第 2 版. 北京：三联书店，2005. 484.
② ［英］戴维·赫尔德等. 全球大变革. 北京：社会科学文献出版社，2001. 456.
③ ［英］约翰·汤姆林森. 全球化与文化. 南京：南京大学出版社，2002. 32.
④ ［美］弗雷德里克·詹姆逊. 论全球化与文化. 王宁主编. 全球化与文化：西方与中国. 北京：北京大学出版社，2002. 109.

文化的体验，它从根本上与我们赖以生存的地方之间的关系发生了转型。^①这种转型是"意味深长的转型"，因为"人们体验到的并不是典型的、富有戏剧性的暴动，恰恰相反，它们很快就被同化到了正常状态，而且被理解成是——尽管很不稳定——'生活就是这样的方式'，而不是被当作在人们由来已久的或是理当如此的生活方式上出现了一系列的偏差"。^② 在这个意义上，全球化使不同地域的人们具有了某种"单城性"的感觉，即世界在历史上首次变成了一个具有单一的社会与文化背景的世界。

在这里，一个显在的事实是，在各种各样的文化消费产品和媒体中，资本主义发达国家与非发达国家之间所占的比例明显以前者为主，并且这种主导性仍在扩展过程中。因而对于非发达国家来说，凡是那些没有任何本土文化产业或本土文化产业力量薄弱的地方，从发达资本主义国家流入的文化产品自然就很容易占据当地消费的主导地位；即使在某些已经有了一定力量的民族或地方文化产品的消费领域中，从发达国家流入的文化产品也由于其中的高科技含量而不断地挤兑它们，最终迫使它们败下阵来。由此可见，全球化推进过程中所建立起来的文化交往是一种"帝国式"的不平等交往，其中存在着明显的强势文化与弱势文化的差异，这种差异使文化交往更多地表现为一种文化的单向流动。

然而，文化交往的这种单向性流动不仅是以消费主义为中心的大众文化的"非领土扩张化"，从深层次上来说，文化交往面临着更为复杂与严峻的形势，即文化交往往往超越"经济—文化"的范畴而进入"文化—政治"的领域。^③ 这喻示着，全球化实践的深层次诉求是隐藏在大众消费文化一体化背后的由发达资本主义国家实施的某种"文化战略"，即通过各种方式向世界各地推行资本的文明，为资本的全球扩张铺平思想上的道路。美国经济学家莱斯特·瑟罗说："在全球经济的发展过程中，意识形态与科技同样重要。……意识形态把资本主义社会引上了全球性经济发展的方向。"^④ 全球化实践具有明显的意识形态性。作为这种意识形态理论基础的是新自由主义，它不仅奉经济为圭臬，而且总是在输出自由市场理论的同时把政治上的自由化和文化上的西化作为巨大经济诱惑的"配额"，使经济全球化蕴含着西方的民主政治

① ［英］约翰·汤姆林森. 全球化与文化. 南京：南京大学出版社，2002. 156.
② ［英］约翰·汤姆林森. 全球化与文化. 南京：南京大学出版社，2002. 187.
③ 郁建兴. 全球化：一个批判性考察. 杭州：浙江大学出版社，2003. 64.
④ ［美］莱斯特·瑟罗. 资本主义的未来. 北京：中国社会科学出版社，1998. 112.

模式、私有化的发展道路和个人主义、自由主义价值观的全球化，从而直接导致自由主义思想文化权力体系的形成。很显然，全球化实践本身隐含着一种帝国主义的经济霸权与文化霸权，即自由主义思想文化的扩张与自由主义经济的推进亦步亦趋，互相匹配，相互支撑。自由主义思想文化借经济整合的外部力量，削弱各个非发达国家和民族的文化独特性，压迫多样性文化的生存空间，以寻求文化的普世性为借口引导世界文化潮流。在全球化的旗帜下，自由主义的思想文化促使世界文化与之越来越走向趋同，他文化的特征越来越模糊。

千姿百态的世界文化会伴随着自由主义扩张的全球化浪潮走向同一吗？回答是否定的。因为当自由主义思想文化的入侵使弱势文化纷纷面临文化认同危机的时候，当那些无法认同西方自由主义文化价值理念的国家和民族遭遇到自由主义扩张的时候，它们一方面积极推动多元文化的兴起，借全球化的交往实践场张扬着民族文化的个性，使"民族文化比以往的任何历史时代都更具有扩散的能力"；[①] 另一方面又积极与强势的自由主义思想文化展开对抗，并"总是动用曾用于解决生存问题的文化工具"，[②] 激起强烈的文化冲突。可见，自由主义越是加紧扩张，非自由主义的思想文化就越是深入传播，反自由主义的浪潮就越是高涨，全球化与地方化、普遍化与特殊化之间的关系就越是紧张，文化冲突就越成为全球化进程中文化交往的最突出问题。

三、意义追寻：对话和实践的需求

把握全球化时代的文化交往，是对文化全球化进行有效分析的一个重要的前提条件。英国社会学家戴维·赫尔德说："在缺乏一种描述不同社会之间的文化交流的系统框架时，人们不可能对文化全球化作出正确的评估。"[③] 面对全球化进程中文化交往的难题，交往主体从各自不同的立场和路径出发，力求为全球化的文化交往提供一个系统的分析框架。就以资本为基础的现代西方文化主体来说，大体上有以下几种立场。在西方文化中心论的乐观主义

---

① ROBERT A. SCALAPINO. Economic Globalization and Its Impact upon Culture. 中华孔子学会、云南民族学院编. 经济全球化与民族文化多元发展. 北京：社会科学文献出版社，2003. 367.
② ［德］哈拉尔德·米勒. 文化的共存. 北京：新华出版社，2002. 66.
③ ［英］戴维·赫尔德等. 全球大变革. 北京：社会科学文献出版社，2001. 457.

立场上，消费主义大众文化的全球扩张是摧毁一切局限在民族国家范畴内的制度、观念和意识形态的力量，因而全球化背景下的文化交往日益趋向文化的同质化；在西方文化中心论的悲观主义立场上，资本主义文化的全球扩张所推进的现代化进程使他文化获得长足发展，多元文化的吁求高涨，文化交往趋向文化的多元化，且异质的多元文化之间充满尖锐的斗争与冲突；在介于二者之间的立场上，全球化的文化交往因穿越了地域、民族、国家的界限，不仅促进多元文化自身的发展，而且推动多元文化之间的并存与共融。这一立场与前两者相比，在当下尚处于微弱发展的态势中。但无论如何，正是这些不同的立场和路径，展现着以资本为基础的现代西方文化主体对全球化背景下的文化交往及其走向的不同期待与不同价值诉求。

对于非西方文化主体来说，以资本为基础的现代西方文化主体对全球化背景下的文化交往的价值诉求是至关重要的。如前所述，全球化背景下的文化交往由于以资本为基础的西方现代性文化占据着主导地位，因而是一种不平等或不对称的文化交往。但对非西方文化主体来说，从来就没有逃离的自由，因为"愿意的人，命运领着走；不愿意的人，命运拖着走"[①] 是全球化背景下的文化交往的实践逻辑。在当今这样一个世界交往普遍建立的全球化时代，文化发展的普遍性渗透到全球的每个角落，越来越多的文化主体被纳入世界文化发展的大道上，任何游离于世界文化发展大道之外的"孤芳自赏"纷纷丧失往日的合理性。因此，尽管全球化背景下的文化交往语境呈现出不平等性或不对称性，但非西方文化主体已经明确地意识到，"在没有努力的情况下，人的文化是可能衰落的"。[②] 惟有积极的作为才是自身生存与发展的根本出路。对全球化背景下的文化交往实践的探索、对以资本为基础的西方现代性文化及其文化交往观的分析等都是非西方文化主体积极作为的表现，是一种主动进入世界文化发展的轨道并在全球化的文化交往中争取机遇发展自身的自觉意识。这也是人类文化发展的必然要求。这样一来，非西方文化主体就负有了从理论上回应文化交往实践以及剖析西方现代性文化及其文化交往观的历史责任。

非西方文化主体对文化交往实践的积极回应不能与西方文化主体对文化交往实践的意义寻求有所脱离，非西方文化主体的积极回应本身就是与

---

① [德] 奥斯瓦尔德·斯宾格勒. 西方的没落. 北京：商务印书馆，1963. 776.
② [英] 爱德华·泰勒. 人类学——人及其文化研究. 桂林：广西师范大学出版社，2004. 18.

西方文化主体展开对话的需要。在这里，由于全球化背景下的文化交往的必然性，使得多元文化的发展吁求既强调着文化的特殊性又强调着文化的世界性。然而，文化的特殊性的定位在哪里？文化的世界性的根基又何在？这些无疑是对文化交往实践的探索以及与主导文化交往实践的西方现代性文化展开对话的前提性问题，直接涉及到对文化的民族性与世界性的理解。因此，对这一问题的正确理解对于自觉合理设定非西方文化主体在文化交往中的位置至关重要。

众所周知，西方现代性文化是当下文化交往实践中的强势文化，能够对交往中的他文化主体发挥巨大的影响作用，是他文化发展不可不面对的强大的外来文化力量。因而，西方现代性文化总是以普世性文化自居，积极发挥世界性文化的功能和作用，引领全球文化交往走向自己所希望的"文化全球化"。当非西方文化主体在文化交往中面对强势的西方现代性文化时，有一个对外来文化的了解与选择的问题。另一方面，近代以来，在全球性交往实践的构建过程中，西方现代性文化中能够表现人类文化发展规律的文化因子已经得到了普遍的认同和一定程度的实现，但是这种实现也暴露出西方现代性文化自身的局限，因而它的进一步发展无法只仰仗自身及其价值设定，而是必须进一步走向世界——跨越西方现代性文化及其价值设定的特殊视界——走向当代人类文明。这里的问题在于，各文化主体如何设定自身而走向世界？共同的追问提出了西方文化与非西方文化对话的问题。

正如西方文化主体对文化交往实践有着不同的价值诉求一样，非西方文化主体对这种对话也有着不同的意义期待。对现代化的仿效，在文化交往中把西方现代性文化视作自身文化发展的趋向，从而推动自身文化的西方化；与之相反，了解西方现代性文化及文化主体的价值期待是为了抵御西方现代性文化作为普世性文化的渗透与入侵，保护自身文化的特殊性，找寻脱离这种不对称的全球化交往实践的路径；在发展自身文化的立场上，通过这种对话，在其中寻找适宜的发展道路，恰如其分地设定自身文化的价值，以推进人类文化发展特殊性与普遍性的辩证统一。要做到这一点格外的不容易。因而在对文化交往的理解存在巨大分歧的状况下，这样的对话实际上还是两种特殊性文化之间的碰撞。但是，这种碰撞并没有排除对话的有效性。在文化交往中共同面临的文化难题是相互启发、相互借鉴与产生共鸣的契机。因此，追寻真正有价值和意义的对话应当以对共同面临的文化难题进行前提性的追问来引发、激起和带动，并在对共同文化难题的探讨中促进各自的发展。

可见，非西方文化主体对文化交往实践的意义追寻并不仅仅是出于对话的需求，而更是一种发展自身的需要。尽管这种发展必须面对西方现代性文化占据主导地位的现实，但并不意味着非西方现代性文化发展的宿命是走向湮灭。在文化交往实践中，西方现代性文化的主体在竭力遍布"战略陷阱"的同时，也为非西方文化的发展提供了难得的机遇。纵观文化交往的历史，可以说，文化交往在广度与深度上的每一次拓展都是推进人类文化发展的重要里程碑。因为文化只有在交往中才能知己知彼，才能不断吸纳世界他文化的优秀成果，采借他文化的长处以不断充实和丰富自身，从而才能更好地保持和发扬自身的文化特色而不致迷失自我。海纳百川，有容乃大。因而在交往实践覆盖的区域以及交往实践的深度达到绝无仅有境地的历史时期，任何文化都可以获得发展的机遇。所以，即便全球化背景下的文化交往具有不对称性，任何文化也都不可能游离其外，也都必须坚决地参与到全球化的文化交往中。这样的态度和信念以对文化交往的正确认识为前提。

在对文化交往实践的正确认识中，"文化自觉"具有重要意义。费孝通先生把"文化自觉"视为当今时代的要求。"文化自觉"要求在文化交往中，文化主体应该正确认识自己的民族文化，明白它的来历、形成过程、所具的特色和它发展的趋向。然而，对自己民族文化的认识，离不开对世界文化的认识；离开了世界文化，不仅不可能恰当地认识自己的民族文化，民族文化自身也将不复存在。文化的民族性与世界性是对立统一的。因而，交往主体在文化交往中所设定的价值应该具有一种文化的宽容精神，并以此推动文化交往趋向"各美其美，美人之美，美美与共，天下大同"①的理想状态，实现消弭文化冲突与发展自身的价值诉求。

此外，"文化自觉"还要求文化主体在文化交往中具有一种对外来文化渗透的忧患意识，既全面了解文化交往的一般过程，又恰如其分地理解实践进程中所出现的文化现象。尤其是对近代以来在全球文化交往中居于强势地位的西方现代性文化，如果非西方的交往主体在文化交往实践中没有一种恰当的忧患意识，那么在现代性文化咄咄逼人的攻势下，要么就会怀着被吞并的焦虑，拒绝参与文化交往，排斥外来文化，闭关自守，执着于追求自身文化

---

① 费孝通. 反思·对话·文化自觉. 北京大学学报（哲学社会科学版），1997，3：22.

的"本真性"而丧失发展的机会；要么为了"发展"而在文化交往中摧毁自身的传统文化，盲目引入强势文化的框架，应用强势文化的模式，其结果是沦为强势文化的附庸，变得"无所适从"（亨廷顿语）。由此可见，"文化自觉"是很有必要的，它可以增强各文化主体发展的自主能力，取得决定适应新环境、新时代的文化选择的自主地位。

现实的合理需求是时代精神根植的土壤。作为时代精神之精华的哲学将不得不关注全球化背景下的文化交往。马克思曾这样说："哲学家并不像蘑菇那样是从地里冒出来的，他们是自己的时代、自己的人民的产物，人民最美好、最珍贵、最隐蔽的精髓都汇集在哲学思想里。"因而，"任何真正的哲学都是自己的时代的精神上的精华，因此，必然会出现这样的时代：那里哲学不仅在内部通过自己的内容，而且在外部通过自己的表现，同自己时代的现实世界接触并相互作用。"[①] 换句话说，任何真正的对现实的反思、任何恰当的意义追寻都是对自己时代的性质与特点的准确把握。如果这种反思与意义追寻失去时代的根基，没有把握到时代的脉搏，那么这种反思与意义追寻就会失去存在的合理性，或者湮灭于历史的角逐，或者蜕变为一种理论的霸权，弱化时代的批判意识，挑起文化的冲突。这样的情形对置身于全球化背景下的文化交往中的任何主体来说，都将使他们的价值期待与意义追寻付诸东流。因此，关注时代的需求，关注现实的文化交往状况，观照各文化交往主体的价值期待，从而推动一种符合多样性文化发展需求的新型文化交往关系的建构。

---

① 马克思恩格斯全集. 第 2 版. 北京：人民出版社，1995，1：219—220.

第二章 关于文化交往的一般理论

文化交往的研究并没有文化交往的历史那样悠久。近代以来，伴随着资本主义在历史舞台上的出现与发展，文化交往问题才引起思想家的关注。其中，马克思恩格斯创立的唯物史观作为一种全新的世界观，对与文化交往相关的问题所作的详尽阐述，为人们认识当今全球化背景下文化交往的实质、探究文化交往的基础以及理论再现文化交往的实现机制提供了具有指导意义的方法论，是文化交往研究的重要理论基础。

一、文化交往的实质

在人们谈论文化交往的时候，首先必须弄清文化交往的实质，文化交往的可能性以及交往主体在文化交往过程中能够获得什么。只有回答了这样的问题，才能揭示出文化交往的内在动力，才能解释人类历史上源远流长的文化交往现象。

（一）文化交往是文化的实践本性的体现

如何理解"文化"？这是正确认识文化交往的前提。但关于"文化"的理解，却是一个斯芬克斯之谜，有多少种论述文化的著述，就有多少种文化的定义，且定义没有绝对的正误之分。在众多的文化定义中，较为普遍地获得公认的经典文化定义是英国人类学家泰勒在《原始文化》一书中作出的，他认为："文化，就其广泛的民族学意义来说，是包括全部的知识、信仰、艺术、道德、法律、风俗以及作为社会成员的人所掌握和接受的任何其他的才能和习惯的复合体。"① 这一定义之所以能够获得公认，在于它满足了人们惯

---

① ［英］爱德华·泰勒. 原始文化. 桂林：广西师范大学出版社，2005. 1.

常所理解的文化的各种成分，因而就对文化现象的综合而言，后来的种种定义都没有在根本上超越它。

如果对文化的定义只是局限在对文化现象的综合上，那么泰勒的定义无疑是比较完满的。然而，这一文化定义在面对日益频繁的文化交往时，却显得有些困窘。因为从这一文化定义出发，任何民族文化都是自足的，并没有充分的理由一定要去认识或学习他民族文化，从而文化交往的必然性和可能性受到质疑。究其原因，在于文化交往作为一种实践活动，是根源于文化的本质的。而泰勒的文化定义"只满足于列举和指定范围而未能揭示这些成分形成文化'综合体'的基础和根据何在"，① 因而不仅是一种缺陷，而且不能满足从本原上去探究文化问题的研究目标。

当然，泰勒的文化定义的缺陷决不意味着它是毫无意义的。相反，在泰勒的文化定义中可以看出，文化是人的文化，具体表现为人类各群体主体——民族的文化；文化的内容是宽泛的、包罗万象的社会存在，但这些社会存在内容都表征着文化是一种创造；文化的旨趣在于作为群体主体构成成员的个体主体所能够掌握和接受的任何能力，蕴含着人的发展的程度和水平。据此，泰勒的文化定义成为进一步研究的基础。

马克思指出："一个种的全部特性、种的类特性就在于生命活动的性质，而人的类特性恰恰就是自由的有意识的活动。"② 这种自由的有意识活动的基本形式是劳动。通过劳动，自然界与社会表现为人的作品和人的现实，并为人而存在，从而"整个所谓世界历史不外是人通过人的劳动而诞生的过程"。③ 因此，"全部社会生活在本质上是实践的。"④ 很显然，实践具有本体论的意义。文化作为人的文化，无疑是在人的实践活动过程中创造的。在这个意义上，不同群体主体的文化尽管因实践活动方式的不同而具有差异性，但在存在方式上都是相通的，具有统一性。

进一步来说，实践作为人与自然之间的物质变换过程，从一开始，就包括了人与人之间的社会物质变换过程，因而围绕对自然物的占有和需要的满足，任何人不得不与他人交往。这就是说，实践表现为双重关系，一方面是自然的关系，另一方面是社会的关系。这两种关系不是互相外在的两个孤立

---

① 陈筠泉，刘奔主编. 哲学与文化. 北京：中国社会科学出版社，1996. 56.
② 马克思. 1844年经济学哲学手稿. 第3版. 北京：人民出版社，2000. 57.
③ 马克思. 1844年经济学哲学手稿. 第3版. 北京：人民出版社，2000. 92.
④ 马克思恩格斯选集. 第2版. 北京：人民出版社，1995; 1; 56.

的过程，而是同一实践过程的两个不同的互为前提、不可分割的侧面，即人在需要的促动下通过与他人的关系而占有自然物，而需要的满足本身又引起新的需要，从而人不得不与他人不断地发生着联系。从占有自然物的实践活动来说，是以客体的固有属性和规律性为轴心而展开的；从为了占有自然物而与他人的联结来说，是以主体的需求与价值取向为轴心而展开的。前者奠定了后者的基础，而后者既以前者为存在的条件，又保存、积累着前者的成果。

在这里，在人与自然的关系中所产生的成果主要有两种：一种是直接能够满足人的某种物质需求的有用性；一种是主体在对客体作用过程中通过非对象化所获取的一种能力与状态，即主体性，它并不直接满足人的具体的某种需要，而是聚结为人的本质性力量指向未来的需要（包括需要的层次以及为满足需要而进行的实践活动），外化为某种能直接满足需要的有用性。这种有用性巩固并强化着主体性，而加强了的主体性又进一步外化为更丰富、更充裕的有用性。马克思说："人以其需要的无限性和广泛性区别于其他一切动物。"[①] 因而，对于人类来说，在人与自然的关系中，不断满足的人的某种需要的有用性在不断地为人的主体性开辟道路。可见，在人与自然的关系中，以不断创造能满足人的某种需要的有用性为轴心不断地丰富着人的本质性力量。

马克思认为，生命的生产，无论是自己生命的生产还是别人生命的生产，无不例外地都同时表现为自然关系与社会关系，从而人利用、改造自然的活动和人与人的交往活动紧密地联系在一起，共同构成人类最基本的生存实践活动。其中，人与人的交往活动是由人与自然的关系决定的，但人与自然的关系却"是以个人彼此之间的交往为前提的"。[②] 因此，不断被创造出来的有用性和主体性在由自身所决定的交往中以主体的需要与价值取向为轴心在主体间不断地传承着。在这一传承的过程中，具体的有用性会随着时间的流逝而逐渐消亡，但人的本质性力量却在交往中不断积淀，"有如一道洪流，离开它的源头愈远，它就膨胀得愈大"，[③] 从而持续地把自然界表现为人的作品和人的现实。这表明，通过实践，"人证明自己是有意识的类存在物，就是说是

---

① 马克思恩格斯全集. 北京：人民出版社，1982，49：130.
② 马克思恩格斯选集. 第 2 版. 北京：人民出版社，1995，1：68.
③ 黑格尔. 哲学史讲演录. 北京：商务印书馆，1959，1：8.

这样一种存在物，它把类看作自己的本质，或者说把自身看作类存在物。"由此，"人确证自己的现实的社会生活，并且只是在思维中复现自己的现实存在。"① 在这个意义上，实践具有本体论的意义，即正是人的对象化活动，才具体生成着人的社会特性，生成并实现着人的自由自觉的主体性。也正是从这一认识出发，文化作为人的文化，总是与人的目的性（人的自由自觉的主体性）有关，是对象化活动的产物。在最一般的意义上，文化就是一个由人类创造并制约着人类世界的对象世界，② 是人的本质力量（社会力量和潜能）在对象化与非对象化的双向矛盾运动过程中形成、存在、积累、传递、发展和发挥的永不停息的活动过程及其成果。

很显然，实践是人的生命活动和主体的对象化，实践具有社会生活本体论的意义。在这个意义上，文化既是生产实践过程中的文化，又是交往实践过程中的文化。因此，文化交往是文化的实践本性的体现，是文化的实践本性中所内蕴的自我传承与自我积累的进化机制，反映着人与人之间的一种共存关系，以人类世代相继的个体或群体为主体，以批判继承为媒介，保存并积淀着人类的实践活动成果。

当然，保存并积淀下来的实践成果并不只是为了能够外化为具体的有用性以满足人的物质需要。在这里，人的需要作为实践的内在动因，可以理解为人反映现实的一种形式。这种形式不仅指向能够满足需要的物品，而且指向生产这些物质财富和精神财富的劳动（实践）本身。马克思认为，实践需要的满足，是人的本质力量（社会力量和潜能）的实现过程。"生产劳动给每一个人提供全面发展和表现自己全部的即体力的和脑力的能力的机会。"③ 因此，人发展自己与表现、实现自己是统一的，其基础就是实践。人类活动之所以被当作文化来理解和贯彻，是在于文化"通过维护人类的至高财富来实现最高价值"。④ 据此，文化及其交往在实践中体现着人自我实现与发展的需要，从而文化表现为一种既在现实社会生活中又企图超越现实社会生活而追求人自身发展的价值取向；文化交往则成为一种既建构现实社会生活又变构、解构、重组现实社会生活的实践活动，表现为人自我实现与发展的活动过程。

① 马克思. 1844 年经济学哲学手稿. 第 3 版. 北京：人民出版社，2000：53、80.
② 郁建兴. 马克思主义文化理论与现时代. 中国社会科学，2001，6：14～23.
③ 马克思恩格斯选集. 第 2 版. 北京：人民出版社，1995，3：644.
④ ［德］海德格尔. 林中路. 上海：上海译文出版社，2004. 77.

（二）共享人类实践活动成果是文化交往的实质

既然文化交往是一种体现人自我实现与发展的实践活动，那么人的这种自我实现与发展是如何兑现的呢？马克思认为，任何特殊性的力量都只有在他们的交往和相互联系中才是真正的力量。这即是说，维持与发展自身特殊性的"真正的力量"决不是特殊性自身的"自言自语"，也不可能是多个特殊性力量的简单相加，而只能是许多特殊性力量之间的相互交换、相互占有与相互利用。从这一理解来看，文化交往是蕴含在人的物质生活和精神生活中的一种相互交换、相互占有与相互利用的活动，是不同的主体能动地交换其实践活动过程中的本质力量及其成果的活动过程。就人的本质力量（社会力量和潜能）是实践活动的成果而言，文化交往的实质在于共享人类实践活动的成果。

马克思把共享看作不仅仅是"直接通过同别人的实际交往表现出来和得到确证的那种活动和享受"，而且"在社会性的上述直接表现以这种活动的内容的本质为根据并且符合其本性的地方都会出现"。① 这意味着，离开了社会关系，离开了人与人的交往，文化交往就不能存在，实践成果的共享就不能实现。从人的现实性的本质是一切社会关系的总和来说，人类在交往实践中必然要通过某种形式的实践活动来持续地实现实践成果的共享以创造与发展自身，这种实践活动就是文化交往，即通过相互交换、相互占有与相互利用的共享活动，交往主体把彼此之间的本质力量及成果纳入自己的对象世界中，转换为主体自身活动的条件，促使主体反身自省，审时度势，形成对自身本质力量及其现实活动的自觉批判，从而逐渐改变自身，实现人的本质力量的互补、重构与超越，使主体获得更多的自由与更大的发展空间。正因为如此，任何文化在发展过程中总是要求同整个世界的生产（也同精神的生产）发生实际的联系，以全面获取和充分利用的人的本质力量来克服自身的局限性，推进自身的发展。

在这里，文化交往所实现共享的实践成果主要指向的是"文明中间一切精致的东西"以及"文明的活的灵魂"。恩格斯认为，"文明是实践的事情，是一种社会品质。"② 所谓"文明的精致品"与"文明的活的灵魂"是人的本

---

① 马克思. 1844 年经济学哲学手稿. 第 3 版. 北京：人民出版社，2000. 83.
② 马克思恩格斯全集. 北京：人民出版社，1956，1：666.

质力量（社会力量和潜能）的实现过程及其成果的进步状态，即文化的进步状态。对于这样的进步状态，其定位绝不仅在于有用性的丰富与增长，而是更多地侧重于人的本质力量的超越性层面，即促进人的全面发展的价值取向方面。在这个意义上，任何文化作为对人的本质力量实现过程及成果的表征、确证及超越，都各有其长短项，不存在优劣之分。因此，文化交往的实质和意义不在于优胜劣汰，而在于博采众长，以涤除自身文化中的诟病，超越自身文化的局限，彰显能够为人类所共享的文明成果。文化交往的每一个发展都是迈向文明的一步。

纵观人类文明发展的历史地图，文明程度的高低与文化交往活动的频率之间存在着一种正相关。凡是文明程度较高且发展迅速的地方无不进行着频繁的文化交往活动，而文明程度较低且发展迟缓的地方无不是由于种种原因阻碍着交往而与外界较少地发生联系。可以这样说，正是文化交往使那些局限于地域内的特殊性文化成为人类共同的实践财富，从而文化交往成为推动人类社会文明进程的力量。如果没有文化交往，任何特殊性文化都不可能成为世界文明发展进程中的亮点，而只能具有地方性和局部的意义，有些甚至被遗忘，从而一切发明创造都必须在不同的地方从头开始，这无疑将大大延缓人类文明发展的进程。即使"交往只限于毗邻地区的时候，每一种发明在每一个地域都必须单另进行；一些纯粹偶然的事件，例如蛮族的入侵，甚至是通常的战争，都足以使一个具有发达生产力和有高度需求的国家处于一切都必须从头开始的境地"。① 因此，文化只有在交往中实现共享才能生存和发展。在这个意义上，把任何传统文化仅仅理解为本土的传统是不够的，它其实包括了在文化交往中的共享与创造。传统文化就是在历史上的文化交往中所实现的各种共享相互作用的产物。

罗素在谈到西方文化时曾这样说："不同文明之间的交流过去已经证明是人类文明发展的里程碑。希腊学习埃及，罗马借鉴希腊，阿拉伯参照罗马帝国，中世纪的欧洲又模仿阿拉伯，而文艺复兴时期的欧洲则仿效拜占庭帝国……"，到十七、十八世纪，西方又曾吸收过印度文化和中国文化。② 即便是当今的资本主义，其优势也是与其对共产主义和福利国家两种意识形态和

---

① 马克思恩格斯选集. 第2版. 北京：人民出版社，1995，1：107.
② 转引自汤一介. 新轴心时代的中国文化定位. 中华孔子学会，云南民族学院编. 经济全球化与民族文化多元发展. 北京：社会科学文献出版社，2003，5.

制度的可兼容部分的积极吸收分不开的。① 可以毫不夸张地说，西方文明发展到今天之所以有强大的生命力，正是在于它不断地在文化交往中享用并吸收了不同文化的进步因素，使自己的文化精神得到了持续的丰富和更新，以至在近代以来一直独占世界文明的鳌头。正所谓"流水不腐，户枢不蠹。"任何特殊性文化所表征与确证的人的本质力量（社会力量和潜能）都不可能代表整个人类的本质力量（社会力量和潜能）的实现过程及其成果，因而那种固守地域性的文化传统，不能在文化交往中实现共享的文化都必然变成惰性的——没有生机，进而失传，不再成其为传统。就此而言，任何活动着的、有生命力的文化及其传统，都必将在文化交往中以不断实现的对他主体实践成果的共享来更新发展自己，以日渐丰富而全面的人的本质性力量来推进人类文明的发展进程。

马克思认为，共享人类实践活动的成果使"各民族的精神产品成了公共的财产"，"民族的片面性和局限性日益成为不可能，于是由许多种民族的和地方的文学形成了一种世界的文学"。② 文化交往是在促使特殊性文化生成世界意义的过程中推进人类文明的发展进程，即通过充分交换、占有和利用——共享不同主体的实践创造成果，打破自我积累与自我演化的时空界限，摧毁一切封闭的樊篱，走向愈益开放的状态，最终促成特殊性文化的世界意义的形成。因此，文化交往使文化具有世界意义，使历史转变为世界历史。

二、文化交往的生成发展基础及其现实确证的力量

在唯物史观的视野中，文化交往是在物质交往中生成发展、从属于物质交往的实践活动。文化交往的主体、中介客体与文化交往的条件无不是在物质交往实践的过程中产生发展的，因此，物质交往是文化交往生成发展的基础，是推动文化交往产生发展的基本动力。

（一）物质交往是文化交往的生成发展基础

作为文化交往生成基础的物质交往，是与物质生产活动紧密联系的一种

---

① ［美］莱斯特·瑟罗. 资本主义的未来. 北京：中国社会科学出版社，1998. 17.
② 马克思恩格斯选集. 第 2 版. 北京：人民出版社，1995，1：276.

现实的实践活动。在人的实践活动体系中，物质生产实践是首要的、基本的，并具有最终决定意义的实践活动。但这一实践活动始终与物质交往活动交织着，共同构成生成文化交往的阿基米德点。在这里，人们不是先有了物质生产实践活动，然后再有物质交往，而是从一开始一定的物质生产活动就在一定的物质交往之中，一定的物质交往就在一定的物质生产实践活动的基础之上。

当我们谈论物质交往并强调物质交往对文化交往的基础性作用时，通常是在一定的物质交往前提下必定有一定的物质生产的意义上来说的，因而并不能得出物质交往与物质生产相等同的二元论结论。唯物史观既反对旧唯物主义对对象、现实、感性，只是从客体的或者直观的形式去理解，而不是从主体方面去理解；也反对唯心主义抽象地从主体方面去理解。唯物史观认为，人的物质生产实践本身既包括了主体自觉改造客体的对象性的物质生产活动，也包括了主体与主体之间的交往活动。二者互为前提，相互依赖。物质生产基础之上必定生成与之相应的物质交往，物质交往之中也必定生成与之相适应的物质生产。可见，物质交往是在物质生产活动过程中的主体与主体之间进行物质变换的客观实践活动，区别于仅从客体的和直观的形式来理解现实的旧唯物主义，也区别于仅从精神、抽象的能动性来理解现实的唯心主义。因此，物质生产活动与物质交往是同一实践过程的不可分割的不同方面。没有物质生产活动的物质交往与没有物质交往的物质生产活动都是不可想象的。任何人的本质力量，都是在直接或间接的主体与主体之间的物质交往中发挥，同时在一定物质交往中的主体对客体的对象性关系——主体利用物质交往所获得的社会化手段、工具对客体进行的改造中发挥，其中物质交往为改造客体的物质生产活动所决定。物质交往媒介着物质生产与社会关系，将生产劳动与社会关系统一起来，构建了人类实践活动的统一性。

随着物质生产的发展和物质交往的普遍建立，"人类将面临越来越多的主体间或主体际的问题，需要我们更多地运用'主体—主体'或'主体—中介—主体'模式"，[①] 于是，物质交往逐渐从人类实践活动体系中凸显出来，成为唯物史观研究的新平台。以物质交往作为认识与研究问题的起点成为顺理成章之事。其实，物质生产实践本身就蕴含了"主体—中介客体—主体"的

---

① 郭湛. 主体性哲学：人的存在及其意义. 昆明：云南人民出版社，2002. 244.

物质交往实践活动模式，只不过长期以来人们在实践活动中侧重于强调主体改造和利用客体的对象性活动的决定性意义，在一定程度上遮蔽了与物质生产如影随形的物质交往。而当生产力发展到一定程度，物质交往具有相对独立的意义且广泛建立起主体之间交往关系之时，以物质生产活动为基础，从物质交往出发去认识现实，强调物质交往所具有的基础地位和作用，是与物质生产实践所具有的决定性意义不相悖的。人类的实践活动本身是在"主体——中介客体——主体"与"主体——主体"的矛盾运动中不断地从低一级的水平向高一级的水平迈进的。作为物质生产实践产物的物质交往，不仅是以客观物质的形式存在，而且在其中蕴涵着人的本质力量，彰显着人作为实践主体的主体性。在这个意义上，物质交往过程作为主体对象化过程的前提，其本身就是主体的非对象化。因此，在物质生产活动过程中，以生产活动为基础的人与人之间的物质的变换过程，同时也是人与人之间的精神的变换过程。可以说，物质交往蕴涵着文化交往，是文化交往的生成发展基础。

（二）文化交往的主体、中介客体与物质交往的关系

既然物质交往蕴涵着人的本质力量，那么作为人的本质力量确证的文化不可避免地在物质交往的实践过程中产生发展了，它以物质交往中的主体非对象化为基础，并随着这种非对象化的内容的积淀与形式的拓展而日益显现出相对的独立性，即文化交往在物质交往中生成与发展了自身具有相对独立性的特殊主体与中介客体。

1. 文化交往主体的生成发展

文化交往的主体可以是民族以外的其他主体，但在这里，文化交往的主体仅限定于民族。因为从历史与现实的角度来看，文化都是在人们交往所形成的人群共同体——民族中生成发展的，并以民族文化的形式存在。因此，文化交往是民族与民族之间不同程度与不同侧面的主体性力量及成果的交换与相互作用。

民族是一个历史范畴，是"人们在历史上形成的具有共同语言、共同地域、共同经济生活以及共同文化、共同心理素质的稳定的社会共同体"。[①] 任何共同体都是物质交往整合的结果。

---

① 中国大百科全书（哲学卷Ⅰ）. 北京：中国大百科全书出版社，1987. 620.

物质交往是民族产生的前提条件。在远古时期，生活在共同地域之内的人们为了能够生存，为了满足自己的需要和发展自己满足需要的能力，他们只有以一定的方式共同活动和互相交换其活动，即发生了交往。在这种交往关系所及的范围之内，由于共同的地域环境、共同的种族和血统，以及共同的劳动，人们产生了共同的经济生活和共同的语言，并在漫长的历史发展过程中，逐渐形成共同的文化以及反映在这种文化上的共同的心理素质。"如果人类的一部分由共同感情联结在一起，这种感情不是他们和任何别人之间共同存在的，这部分人类就可以说构成一个民族。"①

民族的发展取决于物质交往的发展。马克思认为，一个民族的发展不仅取决于内部交往的发展程度，而且也取决于外部各民族之间交往的发展程度。从民族内部的物质交往来看，民族的发展最明显地表现于该民族分工的发展程度上。民族分工发展的各个不同阶段，是物质交往的各种不同方式，是所有制的各种不同形式，是社会发展的不同经济形态。伴随着不同的社会经济形态，民族经历了一个从古代民族向现代民族发展的过程。从外部物质交往的发展来看，民族之间的社会分工取代自然分工以后，外部的物质交往关系对于民族内部的生产发展越来越重要，它使各民族避免了一切都必须从头开始的孤立发展状况，从而各民族介入物质交往的范围、方式和内容决定了各民族的生存发展状况。"随着美洲和通往东印度的航线的发现，交往扩大了，工场手工业和整个生产运动有了巨大的发展。从那里输入的新产品，特别是进入流通的大量金银完全改变了阶级之间的相互关系。"② 从那时起，货币、贸易、征服和移民成为持久的跨社会的纽带，并在经历了十八世纪末和十九世纪的技术转移和飞速发展以后，最终构成了一个以欧洲资本为中心的、以遍及整个非欧洲世界的殖民体系为基础的现代民族。可见，"复杂而又互相交叉的欧洲—殖民地世界，为民族性和自我中心等观念历久不衰的传播奠定了基础，正是这些观念造就了最近几个世纪以来风靡全球的民族主义的想象的共同体（安德森语）。"③ 现代民族的秘密正在于，在资本主义的物质交往发展的条件下，资本主义的生产方式"日甚一日地消灭生产资料、财产和人口的分散状态。它使人口密集起来，使生产资料集中起来，使财产聚集在少数人

---

① 徐迅. 民族主义. 第 2 版. 北京：中国社会科学出版社，2005. 35.
② 马克思恩格斯选集. 第 2 版. 北京：人民出版社，1995；1；110.
③ 阿尔君·阿帕杜莱. 全球文化经济中的断裂与差异. 汪晖，陈燕谷主编. 文化与公共性. 第 2 版. 北京：三联书店，2005. 522.

的手里。由此必然产生的结果就是政治的集中。各自独立的、几乎只有同盟关系的、各有不同利益、不同法律、不同政府、不同关税的各个地区，现在已经结合为一个拥有统一的政府、统一的法律、统一的民族阶级利益和统一的关税的统一的民族"。① 换句话说，民族意识的觉醒与物质交往的世界性拓展相辅相成，民族国家的建立及其地位的加强，是不同民族之间物质交往关系越来越紧密的产物。

全球性物质交往关系的持续发展，世界市场的形成，现代民族日益向世界范围内发展，打破了过去各民族之间自给自足的闭关自守状态，使它们在各方面互相往来和互相依赖，从而"可以产生一切民族中同时都存在着的'没有财产的'群众这一现象，使每一民族都依赖于其他民族的变革"。② "随着工业生产以及与之相适应的生活条件的趋于一致，各国人民之间的民族分隔和对立日益消失。"③ 霍布斯鲍姆认为，"从总体上看，全球性的相互依存意味着更大的经济单位将来会提供一种人们共同体的基础④。"可见，物质交往决定了民族进一步发展的趋向。

总之，"发展中的资本主义在民族问题上有两种历史趋势。民族生活和民族运动的觉醒，反对一切民族压迫的斗争，民族国家的建立，这是其一。各民族彼此间各种交往的发展和日益频繁，民族隔阂的消除，资本、一般经济生活、政治、科学等等的国际统一的形成，这是其二。"⑤ 因此，以物质交往为基础，交往关系在拓展过程中不断地整合共同体，同时积淀着共同体共同的文化与心理，推动共同体的发展。

2. 文化交往中介客体的生成发展

文化交往的中介客体是文化，但交往中的文化作为一种人的主体性能力的表征与确证，它必须要有一定的载体。因而文化交往的中介客体由文化及其载体两大部分组成，前者是内容中介，侧重于文化交往的内容；后者是工具中介，侧重于文化交往的手段，即文化通过什么形式来表达。

对文化交往的内容中介而言，文化是物质生产与物质交往实践的产物。⑥

① 马克思恩格斯选集. 第2版. 北京：人民出版社，1995，1；277.
② 马克思恩格斯选集. 第2版. 北京：人民出版社，1995，1；86.
③ 马克思恩格斯选集. 第2版. 北京：人民出版社，1995，1；291.
④ ［英］埃里·凯杜里. 民族主义. 北京：中央编译出版社，2002.12.
⑤ 列宁全集. 北京：人民出版社，1990，24；129.
⑥ 请参阅本著作第二章第一部分。

作为在物质生产与交往中为确证人的主体性而产生并发展起来的文化，它对主体性追求的价值或意义的设定不是来自于客观精神或超人的作用力，也不是来自于主观的设定，而是来源于以物质生产为基础的物质交往实践。因而马克思恩格斯说，"每一个单个人的解放的程度是与历史完全转变为世界历史的程度一致的。"① 由此可见，人作为能动的主体对自身价值与意义的谋划无论形成了多么宏伟壮阔的蓝图，对世界的改造无论创造了多么辉煌的业绩，人的主体性的构想与谋划、实践与创造都只不过是第二性的，始终受到物质交往的制约。② 进一步来说，民族文化的产生、价值的设定不是单一主体的主观自悟或自明的产物，而是多极主体在物质交往实践的漫长历史过程中形成的。人们在内部的物质交往实践活动中，以共同的经济生活、共同语言、习俗、传统和记忆，以及共同的地域为基础，形成共同的文化。在外部的物质交往实践活动中，这种文化的同一性凸显，并在一定程度上得到其他民族主体的尊重与认可，从而在强化交往双方文化认同感的同时推进以该物质交往实践为基础的文化交往的发展。然而，文化交往并没有消融于物质交往中，而是在物质交往的基础之上，交往主体从多层面多侧面去把握不同民族的主体性活动过程、能力及其成果，指向建立意义的主体性与自觉性，实现意义的自为性，从而更深入地改造世界，促进交往的进一步发展。因此，文化交往与物质交往相辅相成，文化交往以在物质交往过程中生成与发挥的主体性能力及其产物为内容，在不断的扩大、传承与积累的过程中与物质交往相互碰撞，从而提升人类的主体性，刷新人类追求的意义共识体系。

文化交往的工具中介，是实现主体之间交换主体性活动、能力及成果的现实载体或媒介，直接承载着文化的信息。从文化交往媒介的历史发展来看，主要包括了以语言、少量文字为主的传统媒介；以报纸、杂志、书籍等为主的近代媒介；以广播、电视、电影以及互联网等为主的现代媒介。无论是什么样的文化交往媒介，都是为实现文化交往活动的目的、为文化交往主体所有和所用而创造的历史性的存在。作为历史性的存在，这些文化交往媒介是人类实践的创造物。正如恩格斯在谈到语言产生时所说："劳动的发展必然促使社会成员更紧密地互相结合起来，因为它使互相支持和共同协作的场合增

---

① 马克思恩格斯选集. 第 2 版. 北京：人民出版社，1995，1：89.
② 任平. 交往实践与主体际. 苏州：苏州大学出版社，1999. 526.

多了，并且使每个人都清楚地意识到这种共同协作的好处。"① 可以这样说，生产是怎样的，物质交往就是怎样的，媒介也就是怎样的。

在人类社会初期，自在的自然界是人与人之间联系的纽带，交往是直接的面对面的交往。随着生产力的发展和分工的分化，直接物质交往向间接物质交往的发展，人们需要使用不同的中介工具来进行相互补充、相互配合的操作，物质交往过程中产生的意义设定才需要承载的物体，于是媒介得以产生。媒介的产生大大拓展了物质交往与文化交往的空间。在物质交往进一步扩大的情况下，交往的中介工具愈加专门化，并彼此配套着，构成交往的工具系统。特别是现代社会，生产力在物质交往扩大的条件下向技术转化的周期在逐渐缩短，媒介的发展日新月异。然而，媒介的发展不是依次取代的进程，而是一个依次叠加的进程。因此，伴随物质交往空间的扩大，交往的媒介就越多，能够承载文化信息的媒介就越丰富，文化交往的规模就越大、速度就越快、力量就越强。正是在物质交往的推动下，"文化工业"才得以产生，文化交往的全球化才得以实现。

3. 物质交往的现实确证文化交往的发展

"不是意识决定生活，而是生活决定意识。"② 一定的文化交往必定与一定的物质交往相适应，物质交往的发展状况决定文化交往的发展状况。文化交往是物质交往状况与物质交往关系的反映。物质交往的现实始终确证着文化交往的发展。物质交往是文化交往生成发展的决定性的制约机制。

人类和人类的文化一起诞生，但不同的民族共同体之间，进而不同的文化之间发生联系，却是后来的事情，它有赖于各民族共同体之间物质生产及物质交往的发展。物质交往对于文化交往的本体论意义在于，物质交往创造着不断扩大的生存发展环境，创造着民族共同体及其文化之间相互接触和相互联系的条件。所以，人生活于其中的现实的生活世界，"决不是某种开天辟地以来就直接存在的、始终如一的东西，而是工业和社会状况的产物，是历史的产物，是世世代代活动的结果，其中每一代都立足于前一代所达到的基础上，继续发展前一代的工业和交往，并随着需要的改变而改变它的社会制度。甚至连最简单的'感性确定性'的对象也只是由于社会发展、由于工业

---

① 马克思恩格斯选集. 第 2 版. 北京：人民出版社，1995，4：376.
② 马克思恩格斯选集. 第 2 版. 北京：人民出版社，1995，1：73.

和商业交往才提供给他的。"①

可见，物质生产及其交往的状况是确证社会发展包括文化交往发展的最终根源。众所周知，物质生产与物质交往天生就是一对孪生子，是人类社会存在与发展的一对基础性矛盾，源于人的需要与外在世界的矛盾，因而主要解决对象化与非对象化的矛盾关系。当生产能力低下、外在世界处于自在存在状态时，对象化与非对象化是直接同一的，即主体——客体，生产是矛盾的主要方面；当生产能力有所提高、出现分工的分化、外在世界日渐变为"人化世界"而日益为人而存在时，对象化与非对象化则不是完全直接同一的，非对象化往往达至无限多个主体，即主体——中介客体——主体，物质交往日渐处于矛盾的主要方面。在这种情形下，物质交往的状况如何直接决定了生产力和生产关系的矛盾运动，进而决定经济基础和上层建筑的矛盾运动，决定人们的思想文化、生活方式、生活状况等。因此，当物质交往局限在"血缘"与"地域"的狭小空间时，人们在自给自足的自然经济条件下，几乎不需要与外界社会发生联系，社会处于"老死不相往来"的封闭状态，各民族文化之间也几乎没有或很少有联系。当物质交往的逐渐扩大而出现以商品交换为基础的频繁的交往活动时，社会的每一个细胞都活跃起来，各民族文化便逐渐处于开放的交往网络中。可以说，"君子不出门便知天下事"的境况，只不过是物质生产发展基础之上的物质交往不断扩大的结果。

（三）文化交往的相对独立性

尽管物质交往是文化交往生成发展的决定性的制约机制，但是，物质交往发展的自成逻辑还不能证明文化交往发展的自成逻辑。究其原因，在于文化交往具有相对独立性，即文化交往在反映物质交往状况、被物质交往所决定的同时，还具有自身的能动性和独特的发展规律，它的状况与物质交往的状况并不总是保持着一致和平衡。可以说文化交往与物质交往状况之间的不平衡是绝对的。

首先，文化交往并非和物质交往同步产生，它是相对滞后于物质交往的，且一经产生就具有自身内在的实现机制和特殊的运行规律，即文化交往具有在时空维度中展开的时空机制、从相互隔离到相互选择的过程机制以及在交

---

① 马克思恩格斯选集. 第 2 版. 北京：人民出版社，1995，1：76.

往过程中呈现出的同质、异质抑或整合的不同表达机制，各种促成文化交往实现的机制之间相互作用，使文化交往的历史呈现"吊诡"性。①

其次，文化交往的内容具有特殊性与复杂性。文化交往的内容更多地属于社会结构层次中上层建筑的部分，其更替是缓慢的，某些内容一经传播开来，便会具有相对独立的意义而被人们长期所认同。这就是文化所具有的强劲的溢出效应，即随着人们交往关系的蔓延扩散，文化可以超越民族共同体自身的特殊性而获得世界历史性的意义。因此，旧文化即便被新文化排斥，"仍然在长时间内拥有一种相对于个人而独立的虚假共同体（国家、法）的传统权力，……由此也说明：为什么在某些可以进行更一般的概括的问题上，意识有时似乎可以超过同时代的经验关系，以致人们在以后某个时代的斗争中可以依靠先前时代理论家的威望"。② "借用他们的名字、战斗口号和衣服，以便穿着这种久受崇敬的服装，用这种借来的语言，演出世界历史的新的一幕。"所以，人们并不是随心所欲地在自己选定的条件下进行文化交往活动，那些萦回于人们头脑中的"一切已死的先辈们的传统，像梦魇一样纠缠着活人的头脑"。③ 可见，每一历史时代的文化交往的内容都似"幽灵"一般，从不轻易退出历史舞台，总是以或超前或滞后于物质交往的形式呈现出自身发展的相对独立性。当然，这些"幽灵"们并不是一成不变的，也不是可以通过精神的批判来消灭的，它们终究会在物质生产与物质交往发展的历史长河中被肢解，进而衰退、变化抑或发展。现实的不断发展的物质生产与物质交往活动是文化交往相对独立性得以展现的最终注脚。

最后，文化交往具有强大的影响物质生产和物质交往的能力。社会分工的发展程度越高，文化交往的独立性就越强，对社会发展的影响就越大。因而在物质生产及其交往发展到一定程度之后，文化交往的状况如何将会成为制约社会发展的主要因素。文化交往通过传递人们在生产实践中创造的主体性力量反作用于物质生产及其交往，推动物质生产的发展与物质交往关系的变革。物质生产中最活跃的因素的发展"取决于和他直接或间接进行交往的其他一切人的发展"。④ "只有当交往成为世界交往并且以大工业为基础的时候，只有当一切民族都卷入竞争斗争的时候，保持已创造出来的生产力才有

---

① 具体探讨请参阅本著作第二章第三部分。
② 马克思恩格斯选集. 第 2 版. 北京：人民出版社，1995，1：124.
③ 马克思恩格斯选集. 第 2 版. 北京：人民出版社，1995，1：585.
④ 马克思恩格斯全集. 北京：人民出版社，1961，3：515.

了保障。"① 所以，物质交往关系的变革"只不过是各个人之间迄今为止的交往的产物"。② 现代社会的发展充分说明了这一点。如果人们仅仅以"物质交往决定文化交往"这样一个简单的公式去思考社会的发展，许多问题是无法解释的。当人们考察自己的文化交往活动的时候，"首先呈现在我们眼前的，是一幅由种种联系和相互作用无穷无尽地交织起来的画面"。③

三、文化交往是何以可能的

文化交往是一种必然的社会现象，是一种不可遏制的趋势，是在历史地发生着的现实的实践过程。在这一过程中，文化交往的实现不仅需要具备一定的条件和基础即外在的实现方式，而且有着自己内在的动力即内在的实现机制。这是文化为了保存自己、发展自己，在各种各样的交往环境中形成的自身独特的运行机制，以适应具有社会历史性的交往主体与交往客体。

（一）外在实现方式

贸易，这是人类文化交往最早的实现方式之一。马克思认为，贸易具有"传播文明的作用"。④ 在农业社会中，用于交换的劳动产品作为不同地域的群体共同体（通常是民族）的主体性能力的凝结，一般都是独一无二的，能够充分反映该地域群体共同体的特色，凝聚着共同体的世界观、价值观、审美观及思维方式，因而这些劳动产品不仅具有使用价值，它本身是一个共同体的文化符号，是一个共同体的象征。所以，通过产品的交换，通过不同的共同体分享凝结在彼此劳动产品中的主体性能力，文化交往得以实现。除了劳动产品本身的文化意义而外，促成产品交换的商人在劳动产品交换过程中对文化交往的实现也起着重要的作用。如魏晋南北朝隋唐时期操纵着丝绸之路的粟特商人曾在丝绸之路沿途地区建立了很多侨居社区，把他们的宗教信仰和习俗随着丝绸的交换带入中国西北地区。由此可见，贸易传播文明。所以，"商业联结和文化联结这两者不是互不关联的，或者说，不是相互独立

① 马克思恩格斯选集. 第 2 版. 北京：人民出版社，1995，1：108.
② 马克思恩格斯选集. 第 2 版. 北京：人民出版社，1995，1：122.
③ 马克思恩格斯选集. 第 2 版. 北京：人民出版社，1995，3：359.
④ 马克思恩格斯全集. 北京：人民出版社，1979，46（上）：210.

的。印度文化移植东南亚，在很大程度上是靠印度商人；希腊文化传播整个东方，主要是靠追随亚历山大军队东进的希腊商人。"① 在市场经济发达的今天，由于产品（文化工业的出现使得文化也成为了产品）中的知识、信息以及科学技术的含量，产品交换中依然还具有文化交往的意义。但这并不意味着文化交往完全依靠商人和商路。在文明发展的早期，交换有形的货物比交流具有不同特点的文化要容易得多，因而地区间的商业联结通常比文化联结更广泛。但"这是一个不仅货物往返各地，而且身怀技艺、携带植物的人们也四处漂移的时期"。② 所以商业也并非唯一的途径。随着文明的发展，人们交往的范围愈加广阔，文化交往远远地超出了商业贸易的圈子。

民族迁徙，是古代农业社会文化交往的重要实现方式。由于当时生产力水平低下，人们生存大部分靠自然界赐予。在这种赐予发生改变的情况下（变化了的自然环境不适宜原有的生活方式），一般会发生民族迁徙以求共同体的生存。在迁徙过程中，迁徙民族带着自己的文化或与途经地民族的文化相遇，或与定居地民族的文化相遇，都会在一定程度上实现文化交往。在历史上，游牧民族的迁徙就是这样，把某些文化因子带来，又把某些文化特质捎走，无意中给世界增添了新的色彩，诞生了新的文化因子，使整个社会受益匪浅。如公元四至五世纪的亚欧民族大迁徙，既加强了东西方的文化交往，又推动了欧洲古典文化向中世纪封建文化的过渡。"人类的历史证明，文化的进步取决于提供给某个社会群体的向其邻近群体学习经验的机会。该群体的发现会传播给其他群体，且这种交往越多，学习的机会就越大。"③ 随着人类改造和利用自然能力的提高，民族意识的逐渐增强，特别是现代民族及其共同体的形成，民族迁徙的现象逐渐消失。然而，由于种种原因，小规模的移民现象始终存在。由于移民文化相对于移民地文化而言处于弱势地位，因而小规模移民所实现的文化交往的结果通常是移民文化逐渐地被移民地文化所同化。

"战争本身还是一种通常的交往形式。"④ 阿帕杜莱认为，在二十世纪之前，持久的文化互动的主要动力之一就是战争。尽管战争的目的是抢夺物质财富，具有破坏性，但它却在客观上起了积极的作用，即战争以其激烈的

---

① ［美］斯塔夫里·阿诺斯. 全球通史：1500 年前的世界. 上海：上海社会科学院出版社，1999. 187.
② ［美］斯塔夫里·阿诺斯. 全球通史：1500 年前的世界. 上海：上海社会科学院出版社，1999. 175.
③ ［美］斯塔夫里·阿诺斯. 全球通史：1500 年前的世界. 上海：上海社会科学院出版社，1999. 540.
④ 马克思恩格斯选集. 第 2 版. 北京：人民出版社，1995，1：125.

"非交往"的方式意想不到地联结了本无联系的不同民族或共同体及其文化，在一定程度上实现了文化交往。具体来说，战争本身以及战后的胜败都对文化交往起到了推进的作用。在古典时期向中世纪过渡的侵略活动中，欧亚大陆各地区所受的影响迥然不同。在欧洲，西方的古典文明被永久湮没，使西方能毫无束缚地朝新的方向奋进，在中世纪发展起新的技术、制度与观念，即新的文明。[①]　在亚洲，野蛮的征服者总是被所征服民族的较高文明所征服，"征服者很快就接受了被征服民族的语言、教育和风俗"，[②]　征服者的生存状态得到了一定程度的提升。在中世纪，蒙古西征与十字军东征意外地建立了一个东西方文化交往的通道，使东西方文化交往有了突破性进展，在战争过程中使人类的文明成果如火药、指南针、印刷术等传播到欧洲。然而，战争毕竟是战争，征服者总是以获取利益为目的，虽然在无意中实现文化交往，推进了文明的发展和进步，但也造成了一些文明发展的中断，给文明发展予极大的破坏。关于这一点，腓尼基人的例子是最好的说明。亚历山大的征服以及继之而来的衰落，腓尼基人的大部分文明成果都长期失传了。中世纪的玻璃绘画术也有同样的遭遇。[③]　所以，战争不过是一种消极的文化交往的实现方式。

宗教传播，是文化交往的一个重要实现方式。恩格斯认为，宗教是"以普遍人的思想为对象"的，因而它"所拨动的琴弦，必然会在无数人的心胸中唤起共鸣"。[④]　就世界历史所见，宗教在异域、异国或异族中传播的任何进展，都必然会产生交流的互动与适应。尤其是不同民族共同体对宗教经典的翻译，更显现文化深层的接触和认识。因而宗教作为一种精神文化系统，作为一种文化形态，它的传播本身就是一种文化交往。不仅如此，虔诚的宗教徒们为了有效地进行传教活动，不仅耗尽毕生精力在异国他乡布道，而且还搭建了一个更为宽泛的文化交往平台。他们通常在宣传宗教教义的同时，传播一些来自异域的科学、哲学、伦理、艺术等思想文化。如明清之际以利玛窦为代表的西方传教士在华的宗教传播活动就采取了文化适应与学术传教的策略，即把欧洲的自然科学传到中国来，同时学习中国文化并把中国的思想

---

① 　[美] 斯塔夫里·阿诺斯. 全球通史：1500 年前的世界. 上海：上海社会科学院出版社，1999：322—325.
② 　马克思恩格斯选集. 第 2 版. 北京：人民出版社，1995，1：126.
③ 　马克思恩格斯选集. 第 2 版. 北京：人民出版社，1995，1：108.
④ 　马克思恩格斯全集. 北京：人民出版社，1963，19：334、335.

文化带到欧洲，对启蒙运动和西方人了解中国产生了重要作用。可以说，以利玛窦为代表的西方传教士的宗教传播促成了中国和文艺复兴之后的欧洲高层知识界之间的直达本源的接触和对话，成就了中西文化交往史上最令人陶醉的一段史实。所以，尽管"他们把欧洲的科学和数学带到中国只是为了达到传教的目的，但由于当时东西两大文明互相隔绝，这种交流作为两大文明文化联系的最高范例，仍然是永垂不朽的"。①

殖民活动，是近代以来文化交往长期的实现方式。殖民活动作为殖民国家对殖民地国家进行政治、经济及文化的侵略活动，目的是奴役、控制、剥削殖民地为宗主国的利益服务。为达到这一目的，殖民者不仅打破自然经济的枷锁、发展商品货币经济，而且为配合经济的变革，还建立适合殖民统治的政治机构，推广殖民的教育方式、培养亲己的知识分子，褒扬宗主国的民族文化，贬抑殖民地的传统文化，大肆进行文化的输出。文化输出，对殖民主义者来说，是一种极好的手段，它能够使殖民地人民疏离本土文化，接受宗主国的文化，以至于自觉服从殖民的统治。近代以来，伴随着资本主义的产生及其经济扩张的要求，西方现代性文化以殖民的方式实现了与非西方文化的交往。在马克思看来，处于上升时期的西方现代性文化在文化交往中具有"双重的使命"：② 一个是破坏的使命，另一个是重建的使命。因此，这一活动尽管"完全是受极卑鄙的利益所驱使，而且谋取这些利益的方式也很愚蠢"，但"毕竟是充当了历史的不自觉的工具"。③ 很明显，文明的进步对文化的平等来说是一种倒退。用历史的观点来看，以殖民的方式实现的文化交往存在着暴力与不公平，甚至以野蛮的屠杀、种族的灭绝及殖民地美好的传统文化的毁灭为代价，但这是"只有用被杀害者的头颅做酒杯才能喝下的甜美的酒浆"。④

大众传播，是信息时代实现文化交往的主要方式。大众传播是指特定的社会集团通过文字（报纸、杂志、书籍）、电波（广播、电视）、电影等大众传播媒介，以图像、符号等形式，向不特定的多数人表达和传递信息的过程。⑤ 与上述几种文化交往的实现方式相比，大众传播是直接以传播文化为

---

① 陈佛松. 世界文化史概要. 武汉：华中科技大学出版社，2001. 380—381.
② 马克思恩格斯选集. 第2版. 北京：人民出版社，1995，1：768.
③ 马克思恩格斯选集. 第2版. 北京：人民出版社，1995，1：766.
④ 马克思恩格斯选集. 第2版. 北京：人民出版社，1995，1：773.
⑤ 沙莲香主编. 传播学. 北京：中国人民大学出版社，1990. 145.

目的的文化交往实践活动。从传播者来看，主要是各民族国家的知识分子及专门的传播机构或媒介组织；从传播媒介来看，大众传播的各种媒介覆盖全球，无处不在，无孔不入，具有"用时间消灭空间"的特性；从传播的受众来看，大众传播针对芸芸众生，可达至不同社会的不同社会阶层；从传播内容来看，为避免众口难调，追求的是大众化的思想文化。目前，各民族国家都在通过大众传播媒介向世界人民尽可能地传播自身的文化信息，使置身于这个众声喧哗的世界中的人们能够在比视野所及范围更高的山上极目远眺，看到、听到从未到的地方的事情，认识从未见过的人们，理解其他人民怎样生活，用新的洞察力来审视自己的生活，打破距离和孤立的藩篱，从传统社会传送到"伟大社会"。^①很显然，大众传播是推动文化交往普遍建立的有力杠杆。然而，大众传播作为现代大工业化的产物和表现，不仅投资巨大，运营成本昂贵，而且其集中的所有权和控制权往往在文化交往中使之沦为权力的媒介，具有意识形态性。换句话说，现代社会的大众传播在形式上虽然是企业，但其本质却是为现存的社会制度辩护的"意识形态国家机器"。^②因此，"比较强大的、比较富裕的和装备较好的一方占了优势。由于其本身的分量或者由于蓄意的行为，权力和财富方面的差异对交流结构和交流的流通是有影响的。这里面就存在着造成不平等、悬殊和不均衡的许多根本原因，而不平等、悬殊和不均衡则是国际交流，尤其是工业化国家和发展中国家之间的交流的一大特征。"^③在这种状况下，抵制大众传播所带来的不平等，寻求不同文化之间的共生与共融，使得文化冲突普遍存在于大众传播时代。这是全球化时代的文化交往的一个最显著特征。

除了上述在人类历史上起过重要作用的实现方式而外，在生产发展与交往范围不断扩大的过程中，文化交往还有其他的外在推动力量，如官方互派使节、互相派遣留学生、学术交流、访问考察、国际旅游、跨国就业等。应当指出，文化交往的实现是多种方式共同作用的结果，每一种实现方式之间也并不存在前后相继的关系，它们通常叠加在一起，相互联系、相互伴随，共同推动文化交往的实现。

---

① ［美］韦尔伯·施拉姆. 大众传播媒介与社会发展. 北京：华夏出版社，1990. 134.
② 何言宏. 批判的大众传播理论——法兰克福学派大众传播思想研究. 南京师范大学学报（社会科学版），1997，1：122—128.
③ 联合国教育、科学与文化组织编. 多种声音，一个世界：交流与社会现状和展望. 北京：中国对外翻译出版公司，1981. 47.

（二）时空机制

无论在何种外在力量的推动下，文化交往实践都必须在一定的时空中进行，因而文化交往的实现离不开时空机制的存在。基于交往实践的"主体——中介客体——主体"活动范式，文化交往的顺利实现，必须是主体、中介客体和他者主体三个要素在时空维度上的共在表达。根据共在时间的不同，文化交往主体与中介客体的共在区分为历时共在与同时共在；根据共在空间形态的差异，文化交往主体与中介客体的共在区分为实体空间共在与虚拟空间共在。

任何文化交往实践的实现都在于多极文化交往主体对中介客体的相互占有。在文化交往中，作为内容中介的任何文化体系都像是有洞的漏勺，不仅游离于当下主体之间，而且指向未来主体。当多极交往主体对中介客体的占有是一种异时的情形时，文化交往的实现在时间维度上表现为历时共在。这种历时共在主要是由多极交往主体对中介客体相互占有的不同步现象引起的，是一种"不在场"的共在，抑或说是一种"缺席的在场"，表现为文化的传承。由于人类社会发展的无限性，文化交往实践必定是一次次或长或短的延搁与等待：他者的出场是未知的。对某一具体的文化形态来说，一旦他者永不出场，文化交往不能实现，该文化形态或许能够在封闭中获得独白式的发展，但这种发展是缓慢的；或许就会因失去保存、积累的机制而日渐枯萎甚至消失。在人类文明发展的历程中，许多古老文明的消失无不与他者的不在场所导致的文化交往的中断有关。如特洛伊城、亚述和巴比伦以及中美洲的玛雅文明。可见，在这种等待式的文化交往中，时间流逝了，文化交往的实现注定是一次次的延搁与期待。

当多极文化交往主体对中介客体的相互占有是一种同时的情形时，文化交往的实现在时间维度上表现为同时共在，即文化交往在主体的驱动下，同时将多极交往主体设定的意义投向对方。由于文化交往工具中介的不同，同时共在的文化交往实践有两种情形：一种情形是"无距离"的同时共在，即多极交往主体通过语言媒介所进行的面对面的文化交往实践。这里的语言媒介主要包括口头语言以及手势语、动作语等；另一种情形是"有距离"的同时共在，即多极交往主体通过现代发达的电子信息媒介所同时进行的文化交往活动，是一种没有距离感的同步，是过去那种应该天各一方的延搁异时交往通过时间对空间的消灭而导致的"天涯咫尺"的同时共在。这是全球化时代的文化交往的新亮点。

文化交往的实现在时间上就是在历时共在与同时共在两个维度上展开和转换的。文化交往历时共在的实现只有纳入文化交往的同时共在中才能实现；文化交往同时共在的实现以历时共在的实现为基础和前提，二者不是截然分离的。

文化交往的实现必须以一定的空间为前提。当文化交往主体在以报纸、杂志、书籍等有形实体构成的物质实体空间中与客体共在时，文化交往的实现在空间维度上表现为实体空间共在。这是一种比较传统的空间实现形式。在实体空间中，文化交往在多极交往主体的驱动下，呈向外辐射状，具有自我中心性；文化交往主体以确定的真实的身份参与交往，具有确定性；内容中介由具象构成，是具象的概念化和符号化，具有稳定性；文化交往的空间推进具有次序性；文化交往的实现具有连续性。正因为文化交往的实体空间共在，使得保护物质文化遗产具有重要的价值和意义。文化交往以"缺席的在场"方式被历时性地延迟了。

当文化交往主体在网络等构成的虚拟空间中与客体共在时，文化交往的实现在空间上表现为虚拟空间共在。这是一种比较现代的空间实现形式。在虚拟空间中，文化交往是分散和发散的，为多极交往主体的各种文化形态开放，具有去中心性；文化交往主体的身份是虚构的，具有不确定性；内容中介是由非物质性的比特符码构成的，是数字的具象化，刷新率高，转瞬即逝，具有"易碎性"；文化交往的空间全球一体性；文化交往的实现具有同时性。这意味着，穿梭于蛛网覆盖、触点延伸的赛博空间中的文化交往没有时空的界限，任何主体都可以身临其境，是人类聚会的"公共领域"（哈贝马斯语），是文化交往的新平台。

就虚拟空间与实体空间的关系来说，虚拟空间独立于实体空间，不是对实体空间的描述或反映，而是实体空间的反向生成，是对实体空间进行的动态的仿真再造，是虚拟的实体空间，可以兼容实体空间、扩展实体空间、演绎实体空间，实体空间中现实的可能性与非现实的可能性都可以统统融于其中。由于虚拟空间这种令人信服的似真性可以使主体释放出巨大的幻想与自我发现、自我建构的潜能，因而它能够使现实变得多重化，从而推动实体空间中文化交往实现形式的多样化。随着信息技术的不断发展，虚拟空间在文化交往中的权重会逐渐增加，原有的实体空间将部分地被虚拟空间取代，但仍会在一定程度上有所保留，因为虚拟空间毕竟是"生命中不可承受之轻"。① 文化交往就这样在两种相互交错、相互补充的空间形态中不断地得以实现。

（三）过程机制

不同文化在时空中相遇，为了保持各自文化的独特性，任何文化都具有一定的维持自身稳定性的方式，这种方式在文化交往实践中表现为文化的隔离机制；同时，为了文化自身的发展，文化主体又不得不采用一定的形式与他文化保持足够的联系，传播自身的文化，接纳他文化的优秀文化因子，表现为文化的选择机制。文化隔离机制与文化选择机制相互联系，贯穿在文化交往的过程中，是文化交往实现的张力机制。

1. 文化隔离机制

文化隔离机制是指能够造成独立的文化形式、维护定型的文化形态的机制。在文化交往中，来自多极交往主体的大量文化信息不断地分化与重组，使交往中的文化裹挟于大量异质的文化因子中。如果没有一定的文化隔离机制，文化没有一定的"抗体"，那么文化就会在面对大量异质的文化因子时茫然不知所措，甚而失去自我，丧失文化自身的"本真性"。可以说，"无文化隔离机制，环境对于文化的摧毁比我们所看到的要大千百倍。因此，文化隔离机制是使文化在变动的环境中得以凝聚而不致湮灭的首要条件。"② 文化隔离机制作为文化在生成发展过程中形成的一种自我保护机制，它使文化在交往中具有根据"我"在特定的环境中已经形成的思维方式与价值取向来吸取或淘汰异质文化因子的能力。所以，已然形成的文化传统所思考和创造的一切始终为文化提供着生存的依据，以至于"每一次新的飞跃都回顾这一时期，并被它重新燃起火焰"。③

文化之间的隔离首先是受阻于自然环境，即文化之间的交往实践被自然地理环境如海洋、山脉、沙漠等所阻隔。在人类历史的早期，由于改造和利用自然界能力水平的极端低下，人类的生产与交往受到自然地理环境的极大

---

① 吴伯凡. 孤独的狂欢——数字时代的交往. 北京：中国人民大学出版社，1998. 320.
② 杨善民，韩锋. 文化哲学. 济南：山东大学出版社，2002. 206.
③ ［德］卡尔·雅斯贝尔斯. 历史的起源与目标. 北京：华夏出版社，1989. 14.

限制。在尼罗河流域、爱琴海地区、两河流域、恒河流域以及黄河流域，由于它们之间分别被地中海、叙利亚沙漠、青藏高原及喜马拉雅山等所阻隔，在这些地域生成的文化都是独立发展出来的，并没有互相影响。随着人类改造和利用自然界能力的提高，自然地理环境对交往的阻隔与限制才逐渐降低，各个地域的文化才不断冲破天然的文化隔离而在相互作用的交往实践中发展。当然，由于超越自然地理环境的能力的不同，文化的发展呈现出不平衡性。所以说，人类早期在文化交往实践方面的有限性，文化发展的不平衡性，通常与受到地理与生态条件的限制有关。即使在战胜自然能力得到极大提高的当今时代，也并非所有的共同体都能轻而易举地跨越面临的地理屏障，也并非所有的地理屏障都已被人类所跨越。

列宁认为："语言是人类最重要的交际工具。"[①] 语言的统一和语言的无阻碍的发展，是保证交往得以实现的最重要条件之一。但语言作为一种文化的符号，在不同文化中表现出明显的差异。当不同文化接触时，文化交往的基本关系就是语言符号的表达与接收的关系。然而，由于语言的不同，语言符号的表达与接收之间蕴含了语难载意、言难尽意的矛盾。就语言符号的表达来说，主体既按照自己的语言模式来呈现，表现出"为我性"；又努力按照文化交往的共性规范来呈现，表现出"为他性"。就语言符号的接收来说，主体按照自己的语言模式来认知的同时也尽可能地按照语言符号的本来意义来进行解读。尽管交往主体都力求剔除对内容中介的僭越，但一般来说，语言上的藩离使得主体自己的视域成为决定性的，决定了主体在表达与接收时的"不见"与"洞见"，决定了主体对语言符号所表达的文化信息的选择与切割、认知与解释。可以说，任何文化都是在自己语言的"保护膜"中按照自身的传统与价值趋向来进行选择与理解，从而丰富自身文化的。在这个意义上，文化交往对主体而言都体现为一种对作为内容中介的自身文化的再确认与发展。正是由于语言的障碍，文化之间的"误读"现象普遍存在，这不仅增加人类认识世界的劳动量，而且还可能引发不同文化之间的冲突与战争。

最深层次的文化隔离是心理的隔离。任何文化传统都是隐藏在共同体人群的心灵深处的。所谓文化心理，就是在共同的地域、共同的经济生活中，经过持久的连续的历史发展过程积淀下来的，体现为不可取代的主体性追求

---

① 列宁选集. 北京：人民出版社，1972，2：508.

的意义取向，蕴含在共同体成员的人格特征、伦理规范及情感体验中。文化心理作为活的文化传统，是"历史惯性"所致，因而它即使在物质交往的冲击下有所变化，但决不会被推倒重来，它的发展变化决不是按照那种"肯定—否定"、"正确—错误"的模式在变，而是像一棵大树，通过与周围世界不断的相互作用来吸取新的养料，从而不断调整自己，适应时代的变化、社会的变迁。虽然"今日之树"已非"昨日之树"，虽然也曾"无边落木萧萧下"，但"落叶"总要"归根"，不朽的文化心理总是在不断地孕育新的生命。就此而言，文化心理是不可替代的，它在文化交往中表现出来的"以自我为中心"，甚而"排他性"（常常与经济基础并无必然联系）往往是难以消除的。任何企图彻底同化或摧毁某一文化心理的做法注定是徒劳。了解这一点，就不难理解在当下的"地球村"中，为何文化交往中的文化冲突是如此的难以化解。

文化隔离作为文化交往中无法避免的客观事实，一方面使各文化能够保持自身的完整性并得以延续，从而保证了人类文化的多样性，使人类社会始终充满着活力与生机；另一方面，文化隔离在一定程度上阻碍了文化交往的实现，制约着文化的发展。就现实的文化交往实践而言，文化隔离机制的强弱决定了文化交往的实现状况。如果交往中的文化的隔离机制都较强，文化交往常常呈现为自说自话的状况，甚至以激烈的冲突来表现，尽管在冲突中会有一定程度的融合，但冲突是矛盾的主要方面；如果交往中的文化的隔离机制有明显差异，弱势文化就会有被强势文化同化的危险。可见，在文化交往中，文化隔离机制始终处于文化之间"异"和"同"的张力中，人类文化交往在这种矛盾斗争中不断地向前推进。

2. 文化选择机制

文化交往需要文化选择。文化选择是文化交往主体关于交往中的异质文化及自身文化发展的态度、取向与设计，带有强烈的内在主观性。因而文化选择本身就是主体性能力的一种体现，其实质与目的是主体为提升自身的主体性能力、促进自身发展的一种理想性追求与指向，体现主体对自己所创造的文化的一定程度的超越。无论这种超越的结果如何，在一定意义上，文化交往过程就是对过去、现在和未来的一个文化选择的过程。

置身于交往网络中的各文化，面对彼此的各种影响与冲击，任何文化都不会盲目地接受或采纳异质文化因子，而是根据主体的需求对异质的文化因子进行选择，或是进行文化移植、文化嫁接，抑或是进行文化创新。不同的文化主体会做出不同的文化选择，不同的文化选择决定了主体不同的命运，选择积极应对文化交往所带来的文化冲击与影响也许会为新文化的产生创造发展的机会；选择逃避或归顺文化交往所带来的文化冲击与影响也许会错失发展的机会，甚至还有可能招致自身的湮灭。因此，文化交往中的文化选择决定文化发展的不同命运。从近代中国在与西方的文化交往中所作的文化选择与传统文化的命运来看，我们可以深刻体会到文化选择在社会发展中的重要作用。二十世纪初，中国文化面对着由"坚船利炮"裹挟而来的西方现代性文化，大致出现了三种不同的文化选择：一是"全盘西化"的文化选择；二是"中体西用"的文化选择；三是超越前两者而以马克思主义为指导进行文化创新的文化选择。近代中国的文化选择走向了文化创新之路，实践证明，这是中国文化发展的正确方向，因为它开创了中国文化发展的新视野与新境界，促进了中国社会的发展。如果近代中国的文化选择是"全盘西化"或"中体西用"，那么必然是失败的，中国社会的发展可能就要大大地延缓，或许就要更长时间地停留在半殖民地半封建的状态。洋务运动、辛亥革命以客观的历史事实证明了这种文化选择的悲剧性结局。由此可见，文化选择关系到文化发展与社会发展的不同方向，是文化交往中不可缺少的重要环节之一，具有举足轻重的地位和作用。

　　一般来说，在文化交往过程中，文化选择具有两种向度：一是主体对外来文化的选择，即从选择外来文化抵达对自身文化的理解。这是文化交往中弱势文化对强势文化的直接回应，是弱势文化对外来强势文化的高容忍度与高承受力的文化选择，表现为对外来强势文化的盲目崇拜与接纳。对外来强势文化的接纳程度则与弱势文化的隔离机制的强弱有关。若弱势文化的隔离机制较弱，则易于接受外来的文化因子；若弱势文化的隔离机制较强，则易于接纳外来文化中非意义取向的文化因子，暗中却排斥价值观念等深层面的文化因子。（当然，在这个过程中，强势的外来文化同时也会适当选择弱势文化中隔离机制弱或适中且与自己同质或一致的文化因子，而排斥那种隔离机制强且与自己异质和非一致的文化因子。）这种选择由于高估对外来文化的容忍度，盲目接受或全盘吸纳外来文化，一方面会呈现文化的趋同现象，使弱势文化发展的连续性中断，导致文化断裂；另一方面则会在强大的文化心理作用下激起程度不同的文化反抗。

二是主体对自身文化的选择，即从选择自身文化抵达对外来文化的理解。这种选择存在着两种不同的倾向：第一种倾向是交往中的文化对外来文化低容忍度与低承受力而作出的文化选择，表现为对自身文化传统与外来文化之间差异与界限的强烈意识，并将这种界限理解为彼此之间不可逾越的鸿沟，从而盲目奉自身文化传统为圭臬，拒斥外来文化，以保持自身文化传统的"本真性"与"纯粹性"。这是相对主义的多元主义倾向，最易引起本土文化与外来文化的尖锐对立。第二种倾向是文化主体对外来文化的包容与尊重而作出的文化选择，表现为文化主体在对自身文化传统与外来文化的筛选、取舍基础上对自身文化的未来的设计，是借外来文化之镜，反观自身文化传统，积极利用外来的优秀文化因子来图谋自身文化发展的综合创新过程，体现为文化主体对自身文化传统的超越。这是现实主义的多元主义倾向，是文化交往的实质所在，寓于对自身文化与外来文化的选择过程中。

（四）表达机制

由于文化交往中主体存在不同向度与不同倾向的文化选择，使得文化交往的过程表达着不同的文化主张，文化交往的实现呈现出不同的样态。根据上述文化选择的不同向度及其不同倾向，我们以近代以来的文化交往为例，把不同的文化选择在文化交往中所表达的文化主张区分为激进主义、保守主义与综合创新论，与此相应，文化交往的实现呈现出文化同质、文化异质与文化整合的样态。

1. 激进主义与文化同质化

从选择外来文化而抵达对自身文化的理解，在近代以来的文化交往中表现为传统文化对现代性文化的接纳甚至是全盘吸收，以及对传统文化的激烈反对甚至是彻底的否定，并主张以激进的改革或暴力革命来重建一种全新的文化秩序。这是激进主义的思想和行为，必然导致传统文化发展的连续性中断，呈现出与强势的现代性文化趋同的同质化现象。

资本主义产生以来，世俗的现代化进程所导致的是传统社会发展起来的文化对推进世俗现代化进程的现代性文化的选择。这是一种"非意愿的文明化"，[①] 即是非自觉的、不以主观意志为转移的文明化。在这种"文明化"的

---

① ［德］迪特·森格哈斯. 文明内部的冲突与世界秩序. 北京：新华出版社，2004. 9.

过程中，仿效西方，是可以想象的和比较实际的选择。因为在传统与现代的互动性比较中，传统社会在现代化的浪潮中不堪一击，虽然反抗也是明显的，但一般都会在挣扎之后被制服。只有赶上西方，用现代性的武器才能抵挡西方。然而，以哪一种关于现代性的形象作为指导？应当从哪里选择这种形象的片断呢？在这个时代，最具有世界影响力的唯有西方现代性文化规则与话语体系。因此，"把西方视为榜样，反对自身的传统累赘，包括自身的传统文化"，① 以西方的现代性文化全盘取代传统文化是必然的逻辑结果。当然，高度整合的传统社会秩序的普遍瓦解为全盘性反传统主义的出现提供了结构上的可能性。在这种情况下，"人们相信普遍理性时代的来临，但并不明白其实这种理性只是理性普遍论同欧洲中心主义的合理化的混合"。② 于是，反传统的激进主义借具有强劲"自我实现"取向的现代性为解决问题的途径，将传统完全看作是一个受传统思想痼疾感染的有机式整体加以抨击，③ 呈现出彻底的自我否定倾向。回顾近几百年的历史，以追随现代性而追随西方，激进主义奉行的实质上是西方中心主义。例如，土耳其在遭遇现代性文化后，把对现代性的追求看作是与西方化的世俗化行动携手并进，以基马尔为代表的精英分子毅然举起"全盘性反传统"的大旗走上"西化"的现代化道路。很显然，激进主义以理性现代性铸就历史，高估现代性文化的作用，倾向于把历史看作是一个理性设计的结果，从而在传统文化出现危机时，选择一种强势文化作为航标，以摒弃传统来成就未来，采取激进的方式破坏与消解传统文化，在现代性的旗帜下走向文化的同质化。

对于激进主义所推动的文化同质现象，从历史的观点来看，有其合理性的一面。对传统文化的某些方面来说，不给予全面否定，不进行比较彻底的批判，就难以引进或建立新的东西，不破旧就不能立新。同时，这种全面的否定使人们注意到传统文化的不足，激起人们超越自身文化的欲求，特别是在传统文化的某些方面俨然成为社会发展的桎梏之时，如果不进行彻底的摧毁而继续盲目地自我陶醉、沾沾自喜、津津乐道的话，其后果将不堪设想。在这个意义上，激进主义惊醒了孤芳自赏地沉醉于传统文化的迷梦，指出了一条传统文化通向世界文化的道路。然而，从根本上来说，激进主义彻底摒

---

① ［德］迪特·森格哈斯. 文明内部的冲突与世界秩序. 北京：新华出版社，2004. 15.
② ［法］埃德加·莫兰. 反思欧洲. 北京：三联书店，2005. 53.
③ 俞祖华. 近代中国激进主义思潮研究述评. 学术月刊，2005，8：109.

弃传统文化、全盘接受外来文化的道路是行不通的。一方面，现代性文化依靠技术手段与自然的统一建构上帝之国的路径，使现代性文化的担当者——理性蜕变为工具理性，现代性本身随着理性的蜕变而陷入困境；另一方面，抛弃传统文化的主体失去安身立命之本，背离传统文化的主体失去继续发展的依托，而现代性文化所指向的又是一个理性的乌托邦，因而整个传统社会既抓不住传统文化的根，也上不了现代性文化的道，整个社会染上"文化精神分裂症"①，汤因比称之为"文化溶血"现象，它会在传统文化与现代性文化之间激起不同程度的文化斗争。土耳其、墨西哥的西化道路之所以举步维艰就是面临着这样的文化战争。所以，文化激进主义尽管打开了人们的视界，给了了人们希望，但终因跳不出现代性与理性相等同的窠臼，因而将历史辩证法等同于理性辩证法，真正的历史为理性的纱幕遮蔽而成为虚无，思想中的理想与历史和现实处于完全的对立中。可见，文化交往中的激进主义路径既是一条现代性文化一统天下的同质化道路，又是一条充斥着理性的现代性文化与传统文化冲突与斗争的道路。

2. 保守主义与文化异质化

从选择自身文化而抵达对外来文化的理解，在近代以来的文化交往中的表现之一是在现代性文化的冲击下，过度主张传统文化，固守传统的文化价值观，反对在文化上进行变革特别是反对激烈的变革，坚持以传统文化为本位甚而为世界的文化中心。这是保守主义的思想和行为，必然导致传统文化与现代性文化之间的尖锐对立。

保守主义与激进主义一样，都是人类历史进入世界历史阶段后，随着文化交往空间的拓展，在现代性文化压力之下，为维护传统文化发展的连续性而做出的文化选择，其原生型态最初只是一种简单、质朴的对传统文化的认同意识，带有强烈的情感成份，尚未上升到理性层面，只是一种以强烈的文化归属感为基础的盲目拒斥。当这种情绪从情感形态上升到理论形态，效忠传统文化成为最根本的价值取向，并在思想上表现为各种反现代性的文化思潮，在行为上表现为固守传统的文化价值观，贬抑、拒斥现代性文化，反对在文化上进行变革特别是反对激烈的变革。以赛亚·伯林认为，极端的特殊主义以及对一切普遍人类的一般标准作非理性主义的否定会造成灾难性的道

---

① ［美］塞缪尔·亨廷顿. 文明的冲突与世界秩序的重建. 第 3 版. 北京：新华出版社，2002. 166.

德与政治后果。① 以中国文化为例,中国人常把民族观念消融在人类观念里,也常把国家观念消融在天下或世界的观念里。而民族和国家是一个文化机体,只为文化而存在。② 十九世纪下半叶,当具有强烈自我主体意识中心性的现代性文化汹涌而至时,传统文化中心论的古老梦想受到强烈冲击。从辛亥革命到五四运动,都在较深层次上对传统文化进行了反思。由此产生了本末问题、体用问题以及夷夏问题。这些问题看起来很壮观、很复杂,但对这些问题占主导地位的解答却是一致的,那就是传统文化要改变,但绝不是质的变革,传统文化仍然是社会发展与民族振兴的中坚力量,甚至还将是全球文化发展的主导性力量。因此,中学为本,西学为末;中学为体,西学为用;以夷治夷。这样一来,作为本体之中学是无用的,有用之西学是无根基的,从而无用之本体的中学在增强民族自信心与自尊心上是无能的,无根基之用的西学在发挥作用上是敷衍与表面的。"以夷治夷"不过是另一个乌托邦而已。

不可否认,保守主义对现代性的批评在一定程度上体现了对理性蜕变后的现代化特别是对工业化的反思。它认为,依靠人对自然的开掘来追逐物质利益的现代生活摧毁了古老形式的文明,导致了对人本身的奴役,人变成了物的奴仆,变成了没有灵魂的工具与缺乏道德性的消费者。因此,现代性必须另觅他途,坚持传统文化本位的保守主义是一个解决的方案。它强烈反对现代性文化的扩张,积极伸张传统文化的价值理性及其在解决工具理性的过度膨胀上所具有的重要作用,竭力为传统文化本位论辩护。在现代性文化不可阻挡的趋势下,保守主义的态度虽有些许的变化,但始终显现出传统文化本位的欲求。在文化交往中,保守主义所倡导的传统文化的意义以及所强调的文化发展的连续性等问题,毫无疑问是对把现代性理解为一个统一的、同质的过程的除魅。因此,对传统文化的理解是文化交往中无法回避的重大问题。

尽管现代性文化遭遇到困境,现代化进程付出极大的代价,但有谁会否认现代性的进步性呢?启蒙的理想始终是一个开放着的未竟工程,一个有待继续完成的方案,即使是后现代,"也决没有逃脱于现代之外"③。因此,传统文化就不可能简单地被拿来作为一个新的历史发展阶段的文化认同对象。如

---

① Berlin, Four Essays, pp. 106-107, 172. 转引自〔美〕马克·里拉,罗纳德·德沃金,罗伯特·西尔维斯编. 以赛亚·伯林的遗产. 北京:新星出版社,2006. 8.
② 钱穆. 中国文化史导论. 上海:三联书店影印本,1988. 19.
③ 〔英〕马丁·阿尔布劳. 全球时代——超越现代性之外的国家和社会. 北京:商务印书馆,2001. 1.

果盲目反对现代性文化，那么传统文化就只能故步自封，使自身与他者之间处于隔离以至对峙的状态；即便不是绝对反对现代性文化而主张在传统文化中引入现代性文化因子，但是执传统文化之"体"来拼接现代性文化之用，即"拿旧心理运用新制度"，是决计不可能的[①]；即使是主张超越传统文化的"现代性"建构，但不恰当地固守于自身的特殊性而看不到现代性文化发展的"公共性"趋向，也同样会在一种"承认"的诉求中站到他文化的对立面。更为严重的是，"只要强制或专断的权力被用来实现保守主义者认为是正确的目的，那么他们就不会反对这种强制或专断的权力。他们确信，如果政府掌握在正派人的手中，它就不应当受到太多僵化规则的束缚。"[②] 由此可见，文化保守主义一旦得到强权的认可与支持，就会在文化交往中以势压人，把自己的文化强加于人。给美国政治带来巨大影响的新保守主义就主张以"强势文化"占据支配地位，利用发达国家所构想的模式来规划世界的发展。在这样的条件下，文化俨然成为区分人与人的一种特征，异质文化的交往就只是简单的二元对立，在强调彼此的差异中加剧彼此之间的冲突与斗争。

3. 综合创新论与文化混合化

康德曾说，人性这一歪斜的木材至今还未造出过笔直的东西。"激进"与"保守"是文化交往中始终并存的文化选择。然而，在"激进"与"保守"的相互作用中，地球上现存的文化却无一例外地存在着某种"混合化"的因素，以至于人类学家列维·斯特劳斯认为，即使是居住在亚马逊腹地这种与世隔绝之地的人们，也都或多或少地受到来自近邻其他文化的影响。[③] 这一事实表明，在文化交往中，无论是何种选择，通过异质文化之间的对比、较量与理解，始终存在着并存共融来推动和促进文化多样性发展的倾向。虽然对这一倾向的明确意识与主张在当下尚处于微弱发展的态势中，但毕竟意味着对因发展和建立秩序而导致的文化同质与因极端的特殊主义而导致的文化异质提出了根本性的异议。这种对文化交往过程及其实现的理解，使文化同质化与文化异质化的结合具有中心的意义。

既然文化同质与文化异质并非文化交往实现的终结点，那么文化同质与文化异质的相互博弈使交往中的文化呈现出一种"中间状态"，[④] 即文化特质

---

① 转引自季羡林. 季羡林文化沉思录. 北京：中国工人出版社，2009. 48.
② ［英］冯·哈耶克. 自由秩序原理（下卷）. 北京：三联书店，1997. 193.
③ 转引自［日］青木保. 多文化世界. 北京：中国青年出版社，2008. 34.
④ 扈海鹏. 全球化与文化整合. 哲学研究，2000. 1：25.

与文化模式之间自成一格，不同价值观念、生活方式之间协调发展，并存与共融。从这一层面上看，文化交往中的激进主义为了传统文化的发展主张"融"，即以破坏传统、消解并存的方式来使弱势文化消融于强势文化中、传统文化消融于现代性文化中。这种以抛弃历史和传统文化的虚无主义方式如何奠定文化进一步发展的根基？文化交往中的保守主义为了维护传统文化则主张"并存"，即以自我封锁、排斥异己的方式来保持传统文化与现代性文化之间的界限。这样的文化选择"将不免冒着一种危险：即失去其体制中它所最想保存的部分"①，如此这般，又何以实现异质文化之间的并存？因此，文化交往中的激进主义与保守主义一样，都是依据于对特殊主义的解释，这种解释是单面的，不可避免地造成文化之间的隔绝。

事实上，在比较正常的状态下，文化交往中的"激进"和"保守"是在紧张之中保持的一种动态的平衡，即"激进"不是推倒重来，而是推陈出新，表现为文化的创新；"保守"不是不变，也不仅仅是渐变，而是从量变到质变，表现为文化的传承。如果说"激进"是文化交往中的否定向度，那么"保守"就是文化交往中的肯定向度；如果前者是文化在交往中产生的质的飞跃，后者则是文化在交往中进行的量的积累；如果前者体现了文化在交往中的发展的间断性，后者则体现了文化在交往中的发展的连续性。在这个意义上，"激进"是对"保守"的解构也是对"保守"的重构，而"保守"则是对"激进"的制衡和引导。正如余英时先生所说："在一个要求变革的时代，'激进'往往成为主导的价值，但是'保守'则对'激进'发生一种制约作用，警告人们不要为了逞一时之快而毁掉长期积累下来的一切文化业绩。相反的，在一个要求安定的时代，'保守'常常是思想的主调，而'激进'则发挥着推动的作用，叫人不能因图一时之安而窒息了文化的创造生机。"② 因此，激进和保守、同质化与异质化的互相制约与互相补充，才有创新与传承的有机调谐，这无疑是文化交往得以最终实现的有效机制。

所以，当文化交往呈现出文化同质化或文化异质化的现象时，任何因噎废食而逃离文化交往的做法都是不可取的。因为恰恰是在同质与异质的对立统一中，"不同文化形态的运动、发展与变化呈现出一种整体的相关性和一致性。也就是说，任何个别群体（民族的、地域的或国家的）文化实践行为都

---

① 余英时. 现代儒学的回顾与展望. 北京：三联书店，2004. 2—3.
② 余英时. 现代儒学的回顾与展望. 北京：三联书店，2004. 36.

离不开所处历史时代的文化整体的价值，受整个时代文化价值力量的统辖与制约。这种情形预示着人类文化发展将面临着一次空前的文化整合"。① 它既超越"激进"也超越"保守"，既是文化的同质也是文化的异质，既有文化发展的间断性也有文化发展的连续性，既有"天翻地覆慨而慷"的突变创新也有"润物细无声"的渐进改良。文化同质的趋势越明显，异质文化的冲突就越激烈，文化整合也就越深刻。"在这样的氛围中，人为地发明的传统（以及民族性、亲缘关系和其他认同标志），恐怕只能是水中捞月，因为跨国交往的流动性总是会挫败寻求确定性的努力。"② 因此，全球化时代的文化交往正推进着文化之间的全面整合。这是一种真正的现实主义的多元主义。

（五）主体实现机制

在不断实现的文化交往实践中，作为文化主体的人的主体性状况，是评价与判断文化交往实现的依据，这是文化交往的主体实现机制。从根本上来说，正是由于主体这种不断地自我实现的需要，使文化交往作为人的主体性能力及其成果的互换，它的实现不仅在于人的主体性的相互确证，而且在于人对自身本质的全面占有，从而促进人的发展，体现人存在的意义，展现人类对价值的追求与对自由的向往。

1. 反思性的主体

文化交往的主体是反思性主体。反思是引领人类不断走出思维误区与认识盲区的航标。人作为反思性主体的存在与文化交往有着内在的关联性。作为反思性存在的主体是在文化交往中实现的，主体的反思性能力是随着文化交往的扩展而不断增强的。在文化交往中，主体就是通过不断的反思来返身积淀，以获取更多的自由与更大的发展空间。

黑格尔认为"反思以思想的本身为内容，力求思想自觉其为思想"。③ 从黑格尔的这一界说来看，反思是人类思维以思想本身为对象而进行的思考，是对思想的思想，体现的是作为反思的思想与思想对象的思想的关系。从这一关系可见，思想对象的所有思想都是反思的对象。因此，反思是认识的再升华，是人的主体性的膨胀与再延伸，反思后的主体性状况、思想认识与具

① 邹广文. 人类文化的流变与整合. 长春：吉林人民出版社，1998. 287.
② ［美］阿尔君·阿帕杜莱. 全球文化经济中的断裂与差异. 汪晖，陈燕谷主编. 文化与公共性. 北京：三联书店，2005. 545.
③ ［德］黑格尔. 小逻辑. 第 2 版. 北京：商务印书馆，1980. 39.

体对象的思想及具体的思想对象都不完全一致。马克思认为，"它是和现存实践的意识不同的某种东西；它不用想象某种现实的东西就能现实地想象某种东西。"① 反思具有超验性。然而，"人的思维是否具有客观的真理性，这不是一个理论的问题，而是一个实践的问题。人应该在实践中证明自己思维的真理性，即自己思维的现实性和力量，自己思维的此岸性。"② 因此，回到实践，实践的具体与特殊无不彰显着反思在考量了多种具体对象的思想后的综合性力量，迫使它以批判的、质疑的甚至是解构的方式来审视现实，自觉批判现实，以否定现实的方式指向反思超验性的理想图景。在这个意义上，经过反思的思想和主体性状况成为实践的前提。每一个人、每一代人都会遇到某种现成的经过反思后的主体性状况及思想认识作为他或他们自己生命活动的基础与根据。但是这样的基础和根据是不会抗拒变迁的，因为它们总是不断地受到关于自身的新认识的检验和改造，从而在结构上不断改变着自己的特征。所有的这些改变，是对反思性的认定，这其中当然包括对反思性自身的反思。因此，反思具有批判性，是人的实践活动的一个内在要素，理性地映照着作为主体的人的成长历程。

反思作为思想的再思想，是通过文化交往活动来实现的。马克思说："人起初是以别人来反映自己的。名叫彼得的人把自己当作人，只是由于他把名叫保罗的人看作是和自己相同的。"③同理，主体对自身思想文化的自觉也是通过对他主体思想文化的认识实现的。这表明反思的主体只能是文化交往的主体。只有在文化交往中，主体才能把他主体的主体性成果纳入自己的对象性领域，转换为自身活动的条件，并以对它的认识来形成与自身主体性活动及成果的张力运动，促使主体反身自省，实现对自身主体性的自觉认识。任何共同体的主体性的发展必然要求同整个世界的主体性状况发生着实际的联系。因此，反思作为主体对自身主体性的一种更深层次的认识与确证，作为主体对自身存在状况与价值追求的理性判断与把握，从本质上来说，绝不可能是主体自身的"自言自语"，也不是主体对已有的主体性成果的简单复制与拷贝，而是一种在文化交往中尽可能地占有他主体的主体性去检验、审视、建构与创新自身主体性状况的活动。因此，文化交往越频繁，主体占有的主

---

① 马克思恩格斯选集. 第2版. 北京：人民出版社，1995，1：82.
② 马克思恩格斯选集. 第2版. 北京：人民出版社，1995，1：55.
③ 马克思恩格斯全集. 北京：人民出版社，1972，23：67（注释）.

体性成果越丰富，主体的反思能力就越强。即使反思在不直接参与文化交往的情况下进行，它也是依靠文化交往来完成的——主体已经拥有的主体性是在文化交往中确证的；主体反思的对象甚至主体用来进行反思的语言符号本身都是在文化交往中传承与积累起来的产物。不言而喻，反思是何等地依赖于文化交往！没有文化交往，"人的生活就一定会像柏拉图著名比喻中那个洞穴中的囚徒，人的生活就会被限定在他的生物需要和实际利益的范围内，就会找不到通向"理想世界"的道路——这个理想世界是由宗教、艺术、哲学、科学从各个不同的方面为他开放的"。① 所以，文化交往的实质在于占有和利用人类不同共同体的主体性——能力及其成果，使文化主体在交往中成为反思性主体，能够在对无限的反思对象的持续批判中，使人不至迷醉于已有的文明成果与沉缅于人类存在状态单一性的得失，自觉克服任何以自我主体性为中心的表达方式的独断与虚妄，在被反思"解构"了的"碎片"中不断重构更为合理的理想性追求。这种"批判的武器"引导"武器的批判"，以提升与丰富人的主体性状况。

由此可见，文化交往也好、反思也好，其意义或目的都不在于文化交往与反思本身，而在于通过文化交往促进反思来引领人们批判与质疑作为反思对象的各种常识、成见和理论背后的根本性假定和前提的合理性，解构一切人们习以为常的知识和信仰的本性，从而预示人的主体性状况、人的发展还有另外的诸多的可能性。因此，文化交往始终处于一种"变构"的状态，文化主体在交往中始终处于一种"未完成"的状态，即总是在不断的追求与不断的实现过程中。"文化上的每一个进步，都是迈向自由的一步。"② 正是在这个意义上，不断实现的文化交往为反思、进而为人的发展提供着更宽广的维度，显现着无限的可能性，是人的全面而自由的发展的实现机制。

2. 交互性主体

交往实践的主体都是交互性主体。交互性主体是在交往实践中形成的蕴含着两个或两个以上主体关系的主体，是主体与主体之间的相互沟通、相互影响与相互作用。在交往实践中，交互性主体面对着主客体之间的关系和主体与主体之间的关系。其中主体之间的关系是以客体的存在为前提或者说是以主体与客体的关系为背景的。因此，主体之间的关系作为主体的主体间性

① [德]恩斯特·卡西尔. 人论. 第 2 版. 北京：西苑出版社，2004. 63.
② 马克思恩格斯选集. 第 2 版. 北京：人民出版社，1995，3：456.

或交互主体性，只是扩展与延伸着主体的存在空间，凸现主体性的其他存在向度。因而交互主体性与主体性是一致的。

文化交往作为承载着主体性的传承与积累的实践活动，其交互性主体的发展与人的主体性发展在历史的逻辑上是一致的。文化交往的交互主体性以人的主体性为前提和基础，同时确证与提升着人的主体性。文化作为人的主体性能力及其结果的凝聚，是人作为主体的自我确证的需要。文化交往所指向的正是主体与主体之间彼此确证与共同分享的主体性，因而对主体性的确证具有主体间性，它使主体性在主体间传递。这种传递的范围越广，连结的主体越多，主体性就越丰富，就越具有无限的多样性与可能性，从而分享与占有这种主体性的主体就越来越发展。由此可见，文化交往的状况怎样，人的主体性状况就怎样，交互性主体的状况也就怎样。一般来说，随着交往范围的扩大，文化交往的普遍建立，各特殊性文化日益向世界性文化的转变，人的主体性会越来越丰富，交互主体性的地域性、狭隘性与片面性将日益成为不可能，交互性主体在文化交往中将日益全面占有人类的主体性，从而主体更自由，内涵更丰富，人的自由全面的发展越来越成为现实。

马克思认为，"个人的全面性不是想象的或设想的全面性，而是他的现实关系和观念关系的全面性。"[①] 根据社会关系的历史发展与文化交往的状况，马克思把人的发展过程概括为"人的依赖性"、"以物的依赖性为基础的人的独立性"、"建立在个人全面发展和他们共同的社会生产能力成为他们的社会财富这一基础上的自由个性"三个基本的历史阶段，以此来呈现文化交往、人的主体性以及交互性主体的存在与发展状况。

在"人的依赖性"阶段，交互性主体是依赖性的主体，交互主体性是以泯灭个体主体性而存在的。如果说人只有在创造主体性与确证主体性的过程中才成为真正意义上的人，那么在人的依赖条件下，文化交往中的交互主体性通常是以主体对另一极主体的依附所体现的，甚至交互性的主体本身也常常被湮灭在另一极主体的文化强权里。纵观人类历史，无数族群的主体性的丧失即文化的衰亡，若不是主体将自己的文化个性消融在文化共性中以形成"大一统"的文化整体，就是主体自身的文化形式被消解于另一极主体的文化强力与优越情结之中，被他主体以暴力的方式所摧毁或同化。由此可见，在

---

① 马克思恩格斯全集. 北京：人民出版社，1980，46（下）：36.

这一阶段上，文化交往是对交互主体性的极大遮蔽，是人的主体性的缺失，仅存的只是拥有强力的主体及其文化形式的独断与虚妄。

在"以物的依赖性为基础的人的独立性"的阶段上，文化交往的交互性主体要求的是自身的主体性都能够得到张扬，极力反抗单一主体性"一统天下"的局面，并期望在多种多样的主体性并存即多元化的文化格局中相互作用与相互占有。然而，在这一阶段上，劳动并不属于人，作为主体性外化形式的劳动产品（物质产品和精神产品）也不属于人，人与人之间处于对立的社会关系之中。因而在文化交往实践中，人的主体性的交换与占有，都不是真实的、能动的、真正的人与人之间关系的体现，不是交互主体性的体现，不是对主体性的确证，而只是对主体性可能外化的有用性的贪婪和占有。于是，"再也没有什么东西在这个社会生产和交换的范围之外表现为自在的更高的东西，表现为自为的合理的东西"。① 有用性的僭越带来的是主体性的失落与人的存在意义的缺失，是对人之为人的蔑视。文化交往由此成为指向"形而下"的活动方式，交互性主体成为实现"形而下"的手段，在貌似独立性的表象背后隐藏的是交互性主体对有用性的依赖与崇拜。文化交往成为自发地、被迫地进行的活动。因此，人不是自由的，人不是作为人而是作为阶级的成员来参与交往活动的，而作为阶级的成员联合而成的共同体，又"总是相对于各个人而独立的"，"总是一个阶级反对另一个阶级的联合"，因而"是完全虚幻的共同体"。② 其中，拥有占统治地位的物质力量的共同体总是企图以其占统治地位的精神力量来按照自己的面貌为自己创造出一个同质世界。可见，物化的威力使得交互性主体各自所张扬的主体性成为蔑视他者存在的偏执的自我文化中心主义，从而在文化交往中总是以偏狭的心态对待他者的主体性，甚至强迫他者放弃自己的主体性及其追求，文化交往畸变成缺乏意义共识的文化冲突，交互性主体也在追逐"形而下"的俗套中丧失自己的主体性。

在"建立在个人全面发展和他们共同的社会生产能力成为他们的社会财富这一基础上的自由个性"阶段上，文化交往追求的是交互性主体具有独特主体性的同时又具有普遍主体性的生存样态，因而内在地反对交互性主体的同质化趋向，主张多元主体性共存共生的异质文化交往结构。这种多元异质

---

① 马克思恩格斯全集. 第 2 版. 北京：人民出版社，1995，30：390.
② 马克思恩格斯选集. 第 2 版. 北京：人民出版社，1995，1：119.

的文化交往结构在挣脱物化锁链的基础之上，借助于理解与共识的张力机制日益向人的主体性追求与超越的价值意蕴回归，在普遍的文化交往实践中寻求理解、达成意义共识，以使每一个独特的主体性都成为公共的财产。当然，共识既不是不同主体性的机械相加，也不是交互性主体之间相互理解的叠加，而是在文化交往的具体情境中对交互性主体的主体性的相互理解所达成的一种整合形态。其中，主体一方面继承历史和当下的主体性能力及成果，凝聚起时代的素质和品格，另一方面则站在时代发展的水平上提出新的问题，而后在相互的理解中去解决新的问题，形成新的主体性与新的意义共识。"任何理解都以共识为背景，理解所面对的问题是共识的问题，理解所唤起的疑窦是共识的缺陷，理解所要批判、要超越的是共识的规范结构，理解所向往的是建立新的共识以取代旧的共识。"① 于是，交互性主体在共识中确证着彼此安身立命之根基，共同滋养于共识体系之甘泉雨露，从而自身得到不断的完善与发展。

文化交往指向的是人的主体性的全面生成与作为主体的人的全面发展。如果没有文化交往，人的主体性就失去了存在的意义，主体也就不可能存在；如果文化交往的主体不是自由的，人的主体性就会发生畸变。因此，只有文化交往的不断拓展，世界历史的形成，虚幻的共同体才会日益成为桎梏，全面体现人的主体性的真实共同体才能得以建构，"个人才能获得全面发展其才能的手段，也就是说，只有在共同体中才可能有个人自由"，② 才可能"乐意是其所是"。文化交往正是以这种超越当下而指向未来的机制不断地提升着人的主体性，推动着人的全面发展。

---

① 任平. 当代视野中的马克思. 南京：江苏人民出版社，2003. 545.
② 马克思恩格斯选集. 第 2 版. 北京：人民出版社，1995，1：119.

第三章　文化交往的理论表达

事实上，全球化时代普遍建立的文化交往不是一个普世的福音，它本身是一个巨大的挑战。因为当今的文化交往建构在西方率先推进现代化，并成功地进行了殖民主义和帝国主义扩张与建立了相应的世界体系的背景之下。由此，文化研究学者提出这样的问题：普遍的文化交往将如何来呈现"世界文化"或曰"全球文化"？在主导全球化进程的西方世界里，根据文化交往过程中所凸现的几种趋向，知识界推出了文化交往所实现的"全球文化"的不同表达式。与非西方世界可能的文化选择相对应，比较典型的有以下三种：趋同化或同质化，这是以西方现代性文化作为"全球文化"的大同理想，是在全球化进程中以具有强大影响力与优越性的西方现代性文化作为普世价值的文化选择；多元化或异质化，这是以特殊性文化的冲突与竞争作为"全球文化"的场景，是对全球化进程中特殊性文化共在与"承认"的一种价值诉求；混合化或文化整合，这是以多元文化共生的具有新质的多样性文化来表达"全球文化"，是通过"异文化理解"来维护"多文化世界"，是对人类文化共生的同类项的努力探寻。

一、天下大同：文化交往实现的同质化

马克思和恩格斯在《共产党宣言》中指出：在大工业的条件下，"不断扩大产品销路的需要，驱使资产阶级奔走于全球各地。它必须到处落户，到处开发，到处建立联系"。"资产阶级，由于开拓了世界市场，使一切国家的生产和消费都成为世界性的了。……过去那种地方的和民族的自给自足和闭关自守状态，被各民族的各方面的互相往来和各方面的互相依赖所代替了"。因

而"一切民族甚至最野蛮的民族都卷到文明中来了"。……一切民族——如果它们不想灭亡的话——必须采用资产阶级的生产方式，推行资产阶级的文明。一句话，资产阶级"按照自己的面貌为自己创造出一个世界"。① 这是正在推进中的全球化进程。它表现在经济交往中，是全球经济走向共同市场的历史进程；它表现在文化交往中，是追寻全球文化趋同、文化同质抑或文化普遍性的历史进程。全球文化趋同、文化同质化是人类交往活动普遍建立的历史性进程的产物和表现。

文化的同质化或趋同化，主要有两种情况：一是在文化交往中以某一特殊的文化体系为前提而预先设定的单极化或一元化，它以特殊性取代普遍性，把普遍性看成权威性；二是在多元文化交往中，在彼此之间的交流与对话基础上达成的具有普世性的价值体系，反映的是共有的主体性存在方式与价值追求，谋求的是人类共同的利益，是不同文化之间交往的内在基础，是认识和评介不同文化的共同尺度。在这个意义上，文化同质化体现为"全球文化"抑或"世界文化"。

（一）消费文化的兴起

全球化时代，由于商品交换与世界市场体系的确立，人类不同的文化形式在普遍建立的文化交往中追随着经济一体化，在发展过程中呈现出明显的趋同现象，主要表现于消费文化的普遍兴起。

"消费文化，顾名思义，即指消费社会的文化。""使用'消费文化'这个词是为了强调，商品世界及其结构化原则对理解当代社会来说具有核心地位。"② 因此，消费文化作为现代社会消费活动中所表现出来的各种文化特征的总称，它以现实生活中的物质消费和精神消费活动为内容，以消费者的消费需求和消费心理的满足为特点，以现实的利益交换为途径，直接影响社会的文化发展的总体水平。

从消费文化的产生来看，消费文化的出现是资本不断扩充其市场的必然要求。产品作为价值的凝结，它的实现是资本得以存在与发展的前提，而"产品只有在消费中才成为现实的产品"，"消费是在把产品消灭的时候才使产

---

① 马克思恩格斯选集. 第 2 版. 北京：人民出版社，1995，1：276、277.
② ［英］迈克·费瑟斯通. 消费文化与后现代主义. 南京：译林出版社，2000. 165，123.

品最后完成"，① 因而工业社会总是千方百计地刺激人们进行消费。广告、时尚、百货商店、度假胜地、电影、交相传阅的大众小报、杂志等就是消费文化的起源。这种类型的商品生产运动的重要特征就是商品的供给、需求、资本积累、竞争及垄断等市场原则与文化联结在一起，使产品发生本质上的话语转变，即使产品原有的"自然"使用价值消失，变成为"意义可以任意地由它在能指的自我参考系统中的位置来确定"② 的符号。因此，消费的行为不再仅仅是单纯的消费行为，决不能理解为对使用价值、实物用途的消费，而应主要看作是对社会意义的符号的消费。符号的消费实质上是消费者的一种自我实现，或者说是体现消费者自我价值的一种消费，"炫耀"是消费的题中之义。消费所表征的不再是简单的人与物之间的关系，而是人与人之间的社会关系。"符号化过程与物质产品的使用，体现的不仅是实用价值，而且还扮演着'沟通者'的角色。"③ 在现代社会中，一件产品的劳动量也许很低，但其符号价值可能会很高。因此，普通的日常消费品，当它与充满社会意义的符号日益联系在一起时，其原来的用途或功能就越来越难以解码出来。符号取得了胜利，一个仿真的世界由此出现，消解了现实与想象世界之间的差别。在这样的文化中，一切价值都可以被重新评估，人们都不顾一切地去追寻自我的价值。消费文化赢得了超越现实的胜利。

消费文化正是以这种超越现实的胜利，在当下的文化交往实践中作为一种主流文化潜移默化地植入特殊性文化的内部，获得了相当程度的认同，使世界各民族之间的文化交往的实现在表象上呈现出与以强劲经济实力为基础的西方消费文化同质的趋向。"美国文化从'大片'到'摇滚'，从麦当娜到'麦当劳'，到可口可乐，之所以能够风靡全球，和强势经济的支撑，和文化的彻底的成熟的市场化有内在联系（顺便提及，美国文化的优势不仅在于其大众性和商业性。美国有麦当娜，也有费城交响乐团）。"④ 可以说，资本主义经济的发展及其全球一体化所带来的产品流通的方便与快捷是全球消费的动力，"而且通过好莱坞的广告和文化工业所制造的富裕、个人成功、性爱满足的美梦，也是激发全球消费的动力。当诸如'终结者'系列或'泰坦尼克号'这样的电影席卷全球时，令人恐惧的是，与它们的文化产品一样，美国人或

---

① 马克思恩格斯选集. 第 2 版. 北京：人民出版社，1995，2：9.
② ［英］迈克·费瑟斯通. 消费文化与后现代主义. 南京：译林出版社，2000. 124.
③ ［英］迈克·费瑟斯通. 消费文化与后现代主义. 南京：译林出版社，2000. 123.
④ 赵士林. 交叉的视野：宗教·民族·文化·历史. 北京：中央民族大学出版社，2006. 120.

西方人的情感方式也随之在全世界传播。"①因此，美国的生活方式及其极度的个体主义和对进步信仰的虔诚，不管是表现在好莱坞电影角色，比如唐老鸭、超人和兰博身上，还是体现在约翰·韦恩（John Wayne）等的生活当中，都被认为是一种侵蚀性的同化力量，威胁着要将所有的特殊性整合进来。②

　　文化跟从并适应经济发展的进程，在全世界制造出或多或少相似的后果，这是现代性的基本机制。现代性一直体现着时代的意识，是为了将获得了自我意识的与尚未获得自我意识的区分开来，带有明显的自我意识主体中心性，"表现为针对一切传统的自我批判立场，而且也表现为'自我决定'和'自我实现'的道德和伦理观念"。③伴随着世俗的现代化进程，这种以普遍理性主义为指导原则的历史潮流不可避免地带有其原发的自我意识确证的强制性，即认为只存在着一种使得世界去传统化的单一的现代性。当非西方世界在卷入世俗的现代化进程、踏上现代化发展轨道的时候，"成为现代就是成为这个世界的一部分"。④因此，面对业已实现现代化的西方社会及其文化，通常会模仿和吸纳西方文化，并达到几乎每个地方都会展示西方的生活方式的文化理想、符号和物质产品的程度。"在最短时间内把他们的国家变成西方式社会，具有现代化生活的一切细微末节"。⑤世界上很多国家的人都在看《达拉斯》（Dallas）《芝麻街》（Sesame），可口可乐的瓶罐和拉环在世界上每个角落都能找到，可以说就是这个进程的证明。⑥这种对单一现代性的追求"使争取发展的努力走上歧途，并且迅速地把传统文化中不管好的坏的一古脑儿摧毁了，就像把孩子和洗澡水一起泼掉一样"。⑦这就是以经济实力为支撑的消费文化所具有的最为彻底的渗透性。

　　可见，推动全球化进程的西方资本主义国家，凭借率先完成现代化而拥有的强大经济实力和高科技手段及其所支撑的大众媒介，以及批量生产的文化工业产品，使文化成为日常的社会消费品，并形成了西方现代性文化在文化交往中空前扩张的强势，推动着全球文化交往的实现在一定程度上呈现出

① ［澳］罗伯特·霍尔顿. 全球化的文化影响. 中国现代国际关系研究所全球化研究中心编译. 全球化：时代的标识——国外著名学者、政要论全球化. 北京：时事出版社，2003. 139—140.
② ［英］迈克·费瑟斯通. 消解文化. 北京：北京大学出版社，2009. 120.
③ ［德］哈贝马斯. 现代性——未完成的工程. 汪民安等编. 现代性基本读本（上册）. 开封：河南大学出版社，2005. 108，122.
④ ［英］齐格蒙特·鲍曼. 全球化——人类的后果. 北京：商务印书馆，2001. 总序4.
⑤ ［英］保罗·哈里森. 第三世界：苦难·曲折·希望. 北京：新华出版社，1984. 41.
⑥ ［英］迈克·费瑟斯通. 消解文化. 北京：北京大学出版社，2009. 121.
⑦ ［英］保罗·哈里森. 第三世界：苦难·曲折·希望. 北京：新华出版社，1984. 35—36.

与西方现代性文化同质的趋向。在这种情形下，把西方现代性文化设定为文化交往实现的既定目标，积极推行西方现代性文化价值观念的理论就应运而生了。

（二）人类主体的确立

全球文化交往之所以呈现出文化同质的趋向，是因为全球化"是这样一个过程，在这个世界的部分地区所发生的事件，所作出的决策和行动，可以对于遥远世界其他地区的个人和团体产生出具有重大意义的后果"。[①] 这即是说，世界上各个地域、民族和国度的人们在全球化进程中内在地、紧密地联成一体，形成一个相互依存的整体。这个整体在客观上凸现人类共同利益，在思想意识上凸现普世的文化价值理念，人类主体获得了现实的规定性，并在交往活动中逐渐确立了人类自身作为主体的地位。正是在这个意义上，文化交往实现的文化同质化是各特殊性文化形式在面对人类共同利益的基础上把全球文化主体定位于人类主体而在文化交往中达成的观念共识与成果共享。

全球化进程凸现人类共同利益[②]。当前人类面临着日益严峻的全球性问题，如人口增长过快、自然资源匮乏、生态环境退化、发展中国家的贫困、核威胁、国际恐怖活动、吸毒、疾病等。这些问题是人类生存的严重威胁。然而，正是这些问题的存在凸现出人类的共同利益。马克思认为，自我异化与异化的扬弃走着同一条道路。面对这些没有任何一个民族国家可以单独解决的全球性问题，各民族国家的交往活动只有从人类共同利益出发，在思想意识上和实践中都更强烈地意识到共同的责任和义务，意识到相互的合作和协商，意识到对话比对抗更重要，也就是说，只有真正确立人类主体地位，使人类真正成为一个人类共同体，全球性问题才能得以解决。因此，"全球治理委员会"倡导，"管理当代全球化进程导致的广泛的社会、经济以及政治错位'需要合作精神，其基础是协商、透明以及负责的原则……要创造一个更美好的（民主的）世界，除了一起工作，使用集体的力量之外，别无选择'"。[③] 在历史和现实中，虽然不同的集体往往是相互矛盾甚至是截然对立

---

① 2000 年社会学在中国——研究进展状况及热点难点问题. 社会学研究，2001. 2：114.

② 人类共同利益，指的是不同主体可以在同一系列的行为中各自获得需要的满足，主体之间通过相互依存、多元互补或动态延续而一致起来的利益结果. 樊锐. 地球村——全球化与人类共同利益. 北京：人民出版社，2005. 31.

③ ［英］戴维·赫尔德等. 全球大变革. 北京：社会科学文献出版社，2001. 译序 18—19.

的，但并不能否认集体的最高层次——人类的存在。因为历史既是不同集体利益和意志相互冲突的产物，又是体现整个人类存在和发展的要求的过程。所以，在普遍的交往中，对全球性问题所达成的共识，人类共同利益诉求的彰显，使人类主体的地位得以确立。

马丁·阿尔布劳认为，全球性的市场的现实，全球成了各种运动的实际框架和战场。来自于自然环境，或来自于人类有机体的种种影响是改变人类行动的准则的地方所在。人类各种关系在全球范围中的相互内在联系性，带来了人们对全球的自觉。"凡是在人们把世界作为一个整体看待并承担起对世界的责任的地方，凡是在人们信奉'把地球当作自身的环境或参照点来对待'这么一种价值观的地方，我们就可谈论全球主义。在绿色运动中，在对全球生态、对自然资源的有限性以及对可持续发展的必要性的强调中，全球主义获得了最明显的表现"。[①] 在人类共同利益的客观基础之上，全球主义是人类主体地位确立的主观形态，它把世界作为一个整体，追寻这样一种价值观，即必须以普遍性的原则来检验自身的现实性，摆脱民族国家的狭隘视界，是自觉趋向于以人类主体的整体利益为主导精神的价值观念。全球主义作为人类主体对现实的一种回应，"是一种绝对命令：凡是需要采取行动的地方，就要按照作为一个整体的全世界的要求来行动"。[②]

全球化进程使人类主体获得现实的规定性，人类主体的地位得以确立，并在交往中使不同文化为解决共同的问题而趋向同质化。人类主体，在"人猿相辑别"的时代，在与非人类事物或其他物种的关系中获得了自己的规定性。但是这种规定性不是实体的规定性，而是关系的规定性，是指具有某种类特性的存在。因而其意义是极其有限的，或者说这种规定性只是一种纯逻辑的预设，没有现实的规定性与丰富性。然而，正是人类主体的这种类特性在不断对象化的过程中确证和赋予人类自身作为主体的实体性存在。当这种对象性活动的普遍发展和与此相联系的世界交往建立的时候，如前所述，面对人类共同利益和与此相联的普世文化价值的追寻，人类就必须确立自身作为主体的地位，这是人类主体获得实体性存在的契机。当各民族的原始封闭状态由于日益完善的生产方式、交往以及因交往而自然形成的不同民族之间

---

① ［英］马丁·阿尔布劳. 全球时代——超越现代性之外的国家和社会. 北京：商务印书馆，2001. 131.

② ［英］马丁·阿尔布劳. 全球时代——超越现代性之外的国家和社会. 北京：商务印书馆，2001. 132.

的分工被彻底消灭，历史完全转变成为世界历史之时，"单个人才能摆脱种种民族局限和地域局限而同整个世界的生产（也同精神生产）发生实际联系，才能获得利用全球的这种全面的生产（人们的创造）的能力"。① 这即是说，只有当全面发展的各个人作为世界公民在全面的依存关系中共同活动之时，人类主体才真正成为一个有机的整体，真正作为整体来生存、活动与发展，真正以人类主体的身份来面对自然、整治社会和正视自身。在全球化的进程中，在世界历史的形成过程中，在人类从相互依存的整体到真正的人类共同体的转变过程中，"人类"作为主体日渐获得现实的规定性，现实的人类主体日益得以确立，人类主体不再仅仅是一种相对于非人类事物或其他物种的纯逻辑的预设，而成为一个以现实的人类共同利益为基础的人类共同体。雅斯贝尔斯说："如果整体被认为是一种世界范围的现实，那么，关于全体人类有一个普遍状况的思想，或者，关于人类的特定的群众具有普遍利益的思想就是正确的。"② 所以，当文化主体定位于人类主体的时候，文化交往所实现的同质化——文化的普遍性、共同性就是难以否认的逻辑结果。

（三）福山的"历史终结论"

二十世纪末期，市场经济在世界范围内的迅速蔓延，跨国公司在全球的迅猛发展，消费文化的肆虐，西方现代性文化价值观的侵蚀，摧垮了苏联与东欧国家的社会主义政权。在这样的背景下，美国著名学者弗朗西斯·福山以"历史终结论"粉墨登场，歌颂了自由民主指引下的现代性文化的同质化现象，在全球引起了强烈的社会反响。

福山认为，冷战结束后，西方的自由民主思想因彻底战胜了与之相竞争的各种意识形态，如世袭的君主专制主义、法西斯主义以及近代的共产主义而使历史终结了。自由主义思想文化与相应的自由民主制度作为"构成历史的最基本的原则和制度可能不再进步了，原因在于所有真正的大问题都已经得到了解决"。③ 自由主义思想与自由民主制度成为人类思想演进的终点和人类最后的政府形式。

据福山分析，从实践来看，自由主义与自由民主制度在外部主要遭遇

---

① 马克思恩格斯选集. 第 2 版. 北京：人民出版社, 1995, 1：89.
② ［德］卡尔·雅斯贝尔斯. 时代的精神状况. 上海：上海世纪出版集团, 上海译文出版社, 2003. 124.
③ ［美］弗朗西斯·福山. 历史的终结及最后之人. 北京：中国社会科学出版社, 2003. 代序 3.

到法西斯主义和共产主义的挑战，其中法西斯主义由于其合法性来源于种族或民族的优越性，不通过与其他文明的冲突不足于证实其民族的优越性，因而在第二次世界大战中的战败也就同时在思想上被战胜了；与此同时，共产主义虽然在广大地区取得了胜利，但由于它致命的经济问题与控制思想上的失败也使它逐渐丧失了生命力。宗教信仰与民族主义今后可能会对资本主义意识形态提出挑战，但它们都不能对西方自由主义构成致命的危险。至于自由主义社会本身，毫无疑问，目前受到许多问题的困扰，如失业、环境污染、毒品以及犯罪等，但这些问题都是可以在自由主义的基础上加以解决的。因此，所谓"历史的终结"并不是说历史不再继续，而是说历史不可能再进步了，它只能在自由民主制度下展开，从而人们所从事的历史活动将不再致力于令人振奋的思想文化斗争，而是致力于解决世间的经济问题和技术问题，用柯耶夫的话说就是致力于把世界其他地区的文化提升到最先进的欧洲的历史水平，① 使西方自由民主主义的文化价值观进一步普遍化。可见，福山提出"历史的终结"的旨趣在于确立一种历史观念。福山认为，这种历史观念与黑格尔及其抨击者马克思有着密切的联系，即他们都是"终结论者"，只不过黑格尔将"终结"定位于一种自由的国家形态，马克思确定为共产主义社会。

由此可见，福山与黑格尔、马克思的关键差别在于"真正的大问题"的解决上，对黑格尔来说，真正的大问题在于普鲁士政府；对马克思来说，真正的大问题在于共产主义和无产阶级专政；对福山来说，真正的大问题在于自由民主制度。如今，第三世界国家经民主选举上台的国家领导人普遍认为：不发达并不是资本主义的不平等造成的，而是他们国家过去的资本主义制度不完善所导致。② 因此，在世界范围内进行了自由主义革命。这表明，"在所有社会的发展模式中，都有一个基本程序在发挥着作用，这就是以自由民主制度为方向的人类普遍史。"③ 自由民主制度这一"真正的大问题"得到了解决，自由民主制度取得了全球的胜利，成为"具有全球价值的意识形态"，从此以后，人类意识形态和统治形式的演变将以自由主义价值观与自由民主制度的普及而终结并且巩固下来，最终人类进入一个普遍同质的社会。

---

① ［美］弗朗西斯·福山. 历史的终结及最后之人. 北京：中国社会科学出版社，2003. 75.
② ［美］弗朗西斯·福山. 历史的终结及最后之人. 北京：中国社会科学出版社，2003. 47.
③ ［美］弗朗西斯·福山. 历史的终结及最后之人. 北京：中国社会科学出版社，2003. 54.

以"自由民主"为既定目标的同质化道路主要有两种推动力：一是自然科学的发展，二是获得认可的欲望。福山认为，现代自然科学的出现对人类历史的所有社会产生了统一的作用，一方面，任何独立的国家都必须倚重科技所提供的军事优越性；另一方面，自然科学确立了统一的经济生产的可能性范围，使所有的人类，不论其历史渊源或文化传统，都将被先进技术和合理的劳动组织创造出的惊人生产力和充满活力的经济世界所同化而必然走上一条不可逆转的同质化道路，这是"磁带录像机的最后胜利"。然而，自然科学只是引导人们通向自由民主之路，并不必然带来自由与民主。能够带来自由与民主的是"获得认可的欲望"，这是人性的特点之一。福山认为，任何个人或群体都具有使自己的尊严得到他人认可的欲望，为满足这种欲望而进行的"承认的斗争"是推动历史前进的火车头。在人类历史上，能够满足这一欲望的只有自由民主制度。自由民主制度采用了以"野心"制"野心"的政体阻止了在承认的斗争中产生暴君，同时又使对承认的追求彻底转向经济生活，将其转变为希望自己与别人能对等地获得认可的"对等愿望"。于是，"获得认可的欲望"需要自由民主制度。所以，福山说，"现代经济和技术以及理性认可作为世界惟一的统治合法性基础的理念……使人类不断地同化。"①

诚然，自由民主的发展会受到民族主义的阻碍，文化相对主义也可能妨碍自由民主文化价值的统一和完结，但是这并不构成思想文化迈入大同状态的云翳。"经济的力量曾经用国家取代了阶级，推动了民族主义并在其过程中创造了一个权力集中的语言同质化的实体。目前，还是这种经济的力量正在推动国家壁垒的崩溃，正在创造一个惟一的、一体化的世界市场。民族主义的政治中性化，我们这一代或下一代肯定不会看到，但这并不影响它最终的必然实现。"②"人类不是会盛开千姿百态美丽花朵的无数蓓蕾，而是奔驰在同一条道路上的一辆辆马车。"最终，任何有理性的人都不得不承认只有一条路，且只有一个终点。③

共产主义的式微似乎预示着自由主义思想文化赢得了最终胜利，并被设定为普世的价值目标、赋予惟一的合法性。福山的这一思想不适当地排除了它不应该排除的其他可能性，"决定性地削弱了自由主义意识形态继续发挥其

---

① ［美］弗朗西斯·福山. 历史的终结及最后之人. 北京：中国社会科学出版社，2003. 276.
② ［美］弗朗西斯·福山. 历史的终结及最后之人. 北京：中国社会科学出版社，2003. 313.
③ ［美］弗朗西斯·福山. 历史的终结及最后之人. 北京：中国社会科学出版社，2003. 381、382.

历史作用的能力"。① 如果历史真的如福山所预言的那样只有"一条道路"、"一个终点",那么这无疑表明一种独裁主义的即将来临,而这种情形恰恰有违于自由主义的思想文化宗旨与取向。历史的终结意味着多样性的思想文化的消失本身是一个悖论,作为终结点的自由民主思想自身仍是一种思想文化。所以,"历史终结论"不过是以特殊性取代普遍性的独断论,是以不同的方式表述的种族中心主义,它始终秉持"西方中心主义"立场,是一种文化交往中的文化优越心理与不宽容态度。其实,任何事情都有另一种可能性,甚至不可能性也是一种可能性。因此,"历史不会终结,或者不可能被任何以自我利益为重的意识形态的简单呓语引向终结",② 自由民主制度不过是"最完美的意识形态展览橱窗,它的现实并非如此"。③ "历史终结论"不过是一种虚妄。

(四)汤林森的"文化帝国主义"

"文化帝国主义"是现代性的一种扩散,是出现在内源现代性国家与外源现代性国家文化交往中的一种文化霸权和文化殖民现象。英国学者约翰·汤林森(Tomlinson,又译为汤姆林森)在其著作《文化帝国主义》中对"文化帝国主义"进行了话语的剖析,认为帝国主义已被"全球化"取而代之,文化帝国主义变成了文化的全球化,因而文化帝国主义并不存在,存在的只是文化的影响,即把所有的文化体验都卷入到商品化的漩涡之中。这种文化的影响代表了一种解放的力量,它所带来的同质化不是一个"必然负面的特征",④ 是当今文化交往中一个不能幸免的文化宿命。汤林森关于文化帝国主义的论断是对文化交往所作的一种功能主义的分析,忽略了文化交往中话语与权力的关系以及民族性等问题。汤林森对文化帝国主义的解剖和分析是从媒介帝国主义、民族国家的话语、批判全球资本主义的话语以及对现代性的批判四种话语体系展开的。

对于"媒介帝国主义"的话语,汤林森认为,媒介是中性的,只是平等地扩散而不是强加所传播的文化信息,因而用媒介帝国主义来表达文化帝国主义是不能成立的。他认为,那些关于"媒介帝国主义"研究的分析层次通

---

① 〔美〕伊曼努尔·华勒斯坦. 自由主义的终结. 北京:社会科学文献出版社,2002. 9.
② 〔英〕斯图亚特·西姆. 德里达与历史的终结. 北京:北京大学出版社,2005. 97.
③ 〔法〕雅克·德里达. 马克思的幽灵. 北京:中国人民大学出版社,1999. 81.
④ 〔英〕汤林森. 文化帝国主义. 上海:上海人民出版社,1999. 206.

常是政治经济方面或制度方面的，并没有真正分析文化支配这个特定的层面。即使对媒介所产生的林林总总的文化效果进行分析，这种分析也仅限于媒介机构与媒介文本，无法证实这种文化效果所产生的冲击是否存在，也无法判断观众如何"回应"所谓"帝国主义的文本"。究其原因，在于"文化乃是实体的生活经验"。① 每一种特定的话语都有它的独特之处，会以其特有的方式吸引观众服膺其逻辑。观众的积极主动、繁复而具有批判性的自觉远远超出媒介帝国主义的理论家的想象。这即是说，观众是对实体生活进行互异体验的"主动观众"，② 他们在接触媒介的时候，往往"把他们得自其他文化资源的认知加以应用"，③ 并不像媒介批判论者所认为的那样容易受骗。因此，媒介只是众多运作要素的一种，只是一个渠道，而并非现代文化的核心，更不具有意识形态性。媒介帝国主义作为文化帝国主义的表达就这样被消解了。

对于民族国家的话语，汤林森认为，相对统一的民族国家文化作为现代世界的常态，这恐怕是一场误会。所谓"民族国家"之说，很少能够与现实相呼应，因为很少国家的民族群的组合称得上是同质的。所以，大多数民族国家根本没有同质的文化实体。④ 然而，所谓文化帝国主义的支配，是评估整体文化所受的冲击。在这个意义上，"民族国家"具有的文化多元性使文化帝国主义的论点为之崩溃。借用安德森的观点，汤林森进一步消解了民族国家的存在。他认为，民族国家不过是"一个想像出来的政治社群"，⑤ 即便是最小的民族国家，绝大多数的成员也是彼此互不了解，也没有相遇的机会，甚至未曾听说过对方，他们只是在心目中存在着彼此共处一个具有共同归属的社群的想象。这种想象对于大多数人的大多数时间来说，并没有占有首席的地位。人们的文化认同更多的是来自于"私人"领域，如家庭、性的关系等等。⑥ 因此，对一个想象的社群及其文化认同来说，文化帝国主义的支配失去了立论的基础。

对于批判全球资本主义的话语，主要是针对消费主义文化的张扬所带来的同质化展开的。对此，汤林森认为，消费文化的接受者具有自主权，拥有

---

① ［英］汤林森. 文化帝国主义. 上海：上海人民出版社，1999. 125.
② ［英］汤林森. 文化帝国主义. 上海：上海人民出版社，1999. 113.
③ ［英］汤林森. 文化帝国主义. 上海：上海人民出版社，1999. 120.
④ ［英］汤林森. 文化帝国主义. 上海：上海人民出版社，1999. 142、143.
⑤ ［英］汤林森. 文化帝国主义. 上海：上海人民出版社，1999. 154.
⑥ ［英］汤林森. 文化帝国主义. 上海：上海人民出版社，1999. 167、168.

自主选择的权利，因为他们才是文化社群的主体，直接面对着生存与调适的种种问题。因此，第三世界社会的发展过程，并不只是发达的西方国家或跨国公司的"外力"支配所造就的，同时也是其内部阶级结构的支配关系的结果。况且，这种内外力的互动影响，"经常让互动中的社群彼此受益"。① 这样一来，资本主义所导致的同质化，其后果就不可能全是负面的影响，对第三世界的社会来说是有益无害的。如果资本主义的单一现代性，吸引力大过多元性的魅力（就资本主义生活圈以外的人来说，也许正是如此），那么，若要坚持主张保存这些差异有其优先性是很困难的，说不定还会造成更为严重的后果。② 因此，从对资本主义批判的角度来讨论文化帝国主义观念是不完全正确的。

就对现代性的批判来说，所有关于文化帝国主义的批判都是现代社会的特性，都是现代性文化状况的决定因素，因而都应该放在现代性的视野中进行梳理。汤林森认为，资本主义现代性的"活生生的文化"是透过西方社会的主要社会经济机构，如资本主义市场、官僚组织、科学与技术、大众传媒等等"现代性的携带者"而传送的。就"政治经济"的意义而言，确实是强行加诸非西方世界的，但就"文化"上的强制而言，很难说是明显的。"现代性所带来的物质与社会政治上的收益，亦代表了一种解放力量，使人们不再受制于'传统的'经济、政治与世界观"，并且"位居现代性核心的理性带来了整套而多样的选择"，开启了文化社群追寻自我了解的列车。③ 这些现代性的收益表明，现代性并没有提供集体生活的意义与社会集体的定向，从而也就没有造就全球同质的文化价值观。因此，与其说资本主义现代性的扩散过程是文化"强制"的过程，倒不如说是本土文化"损失"的过程。④ 如果从现代性的视野出发，在这个世界上，不论强国还是弱国，都会面临一个本土文化"损失"的问题。在这个意义上，"现代性有什么好谴责的？"⑤ 所有对于现代性批判的话语都不合适，反而说明现代性的多种文化形式并非固定不变，而是开放性的、容许挑战的，是可以改变的。

总的来说，汤林森对文化帝国主义话语的分析有两个进路，一是认为文

① ［英］汤林森. 文化帝国主义. 上海：上海人民出版社，1999. 201、209.
② ［英］汤林森. 文化帝国主义. 上海：上海人民出版社，1999. 214.
③ ［英］汤林森. 文化帝国主义. 上海：上海人民出版社，1999. 291.
④ ［英］汤林森. 文化帝国主义. 上海：上海人民出版社，1999. 310.
⑤ ［英］汤林森. 文化帝国主义. 上海：上海人民出版社，1999. 309.

化认同或文化归属是有问题的，二是认为人们的主动性的存在使文化支配存在问题。其实，文化归属是相对的，绝对的否认文化归属或文化认同只能导致人们失去存在的价值依托；同时，文化支配并不总是与意愿联系在一起，它往往在人的"主动性"面前是隐蔽的。因而汤林森批判的是有关批判文化帝国主义的话语方式，其目的不在于消解文化帝国主义，而只是以消解文化帝国主义的话语方式消解对文化帝国主义的批判，维护文化帝国主义的理论与实践，带有浓厚的西方中心主义色彩。特别是在他的结论中，他以"全球化"这个"崭新时代"的基本特征所形成的"文化经验"一笔勾销了事实上存在着的西方现代性文化的扩张，把"文化帝国主义"变成文化的全球化，把文化的同质化当作一个谁也不能幸免的宿命。在随后的著作《全球化与文化》中，汤林森又以批判对普遍主义怀疑的方式维护文化同质化论点，明确指出："文化与差异是偶然的而非必然的联系。文化的职能并不仅仅是差异的确立和维持"，因为"差异并非起于文化实践的目的，而不过是它的后果罢了。文化工作有可能产生差异，但这跟我们说'文化是在差异上建立起来的'却不是一回事"。[①] 很显然，文化并不是普遍概念本身的对立面。文化交往必然实现文化同质化的独断论思想始终可见一斑。

（五）"世界人权"与"全球伦理"

与福山和汤林森的独断论思想不同，在全球化进程中，由于日益凸现的人类共同利益与人类主体性，各特殊性文化在交往实践中努力寻求它们之间的"可通约性"，使多元文化交往在一定程度上以某种普遍性的文化形式来加以表达。这种普遍性的文化形式，以全球主义作为一种总的取向，首先体现在"世界人权"与"全球伦理"的构建中。

在"世界人权"方面，1948 年 12 月 10 日，第三届联合国大会通过并宣布的《世界人权宣言》提出了世界各地所有男女毫无区别地都有权享受的各种基本权利和自由。这些基本权利和自由传递了多重信息："在情感上，人们不能泯灭他们的精神和良知而对其他人所受到的非人对待漠不关心；在道德上，人们对于虐待和迫害人的非道德行为有通过自己的政治和社会机构进行抗议和制止的责任；在政治上，政府应当关注任何地方发生的侵犯人权的行

---

① ［英］约翰·汤姆林森. 全球化与文化. 南京：南京大学出版社，2002. 97—98.

为，并把它提高到国家关系的高度；在法律上，人权成为具有严格福利定义的概念，它的保护与严格的政府责任联系在一起。"① 这些信息所具有的感染力，是不受国界限制的，它超越了地域、文化、种族等的界限而得到公认。究其原因，在于人权是由人的道德本性所决定的普遍的权利，属于任何社会中的任何人。因此，《宣言》以非常具有道德感召力的语言写道：发布世界人权宣言，作为所有人们和所有国家努力实现的共同标准。这表明，《宣言》倡导的是一种包容精神，不基于任何特定的意识形态，即不管一个社会制度的信仰是什么，不管它的宗教和文化背景如何，人权理念都不对其产生排斥，人权的基本原则都必须要遵守。任何意识形态体系都需要从保护人权的行动中获得民众的支持。很显然，《宣言》是多种价值、文化、观念和原则之间共生共存的一种意志表达。正如著名人权理论家露易斯·亨金断言，人权是这个时代得到普遍接受的唯一的政治与道德观念。"世界人权"的普世原则是全球主义文化的基本价值取向。

在"全球伦理"方面，1993 年 9 月，芝加哥宗教大会通过了《走向全球伦理宣言》，认为没有新的全球伦理，就不会有一个新的全球秩序，提出"没有道德便没有人权"的"权利和义务相统一"的原则；两项基本的要求："每一个人都应受到符合人性的对待"的人道主义原则，"己所不欲，勿施于人"的"金规则"或"黄金法则"——即"全球伦理"的普世原则；"四条不可取消的指令"："一种非暴力和敬重生命的文化"——这是从古老的"不可杀人"戒律中推出的"尊重生命"的指令，"一种团结的文化和公正的经济秩序"——这是从古老的"不可偷窃"戒律中推出的"处事正直，办事公平"的指令，"一种宽容的文化和诚实的生活"——这是从古老的"不可撒谎"戒律中推出的"言行都应诚实"的指令，"一种男女之间权利平等与伙伴关系的文化"——这是从古老的"不可奸淫"戒律中推出的"彼此尊重，彼此相爱"的指令。② 从这些内容可见，全球伦理不是强权的意识形态，而是从各民族文化传统中吸取资源而形成的一种底线伦理，即"最低限度的基本共识"，是站在整个人类生存和发展的高度，为了人类的共同利益而制定的伦理规范，是所有人都应该遵守的道德原则。其中，尊重与宽容是构建全球伦理的题中

---

① 信春鹰. 栉风沐雨 历久弥坚——纪念《世界人权宣言》通过五十周年. 读书, 1998, 12：36—40.
② ［德］孔汉思，库舍尔编. 全球伦理——世界宗教议会宣言. 成都：四川人民出版社, 1997. 168—169.

应有之义。这即是说，全球伦理不是以特殊性取代普遍性的企图，也不是单向的盲从，而是不同文化传统之间的共同之处，是在多样性中实现的统一性，是多元文化互动、多项参照、优势互补而形成的全球主义的文化价值观。

从"世界人权"与"全球伦理"的构建可见，不同文化价值观念之间是具有共性的，存在可通约性，因而全球主义的文化价值观念"并不是指一种全球的意识形态，也不是指超越一切现存宗教的一种单一的统一的宗教，更不是指用一种宗教来支配所有别的宗教"，而是"对一些有约束性的价值观、一些不可取消的标准和人格态度的一种基本共识"。① 它并不意味着不同文化价值观念的完全等同，也不意味着多元文化之间的区别和对立的消失，而是意味着在人类共同的实践活动中存在着的共同利益使不同文化体系中所具有的某些全球主义的价值观念凸现出来了。这正是在多元文化交往中形成的一体化、同质化。因此，坚持不同文化体系之间的"可通约性"，在文化交往中也就拒斥了以特殊性取代普遍性的独断的普世文化价值观。不可否认，这些全球主义的文化价值观念自身是存在悖论的，在当下的适用范围是很有限的，在实行的过程中更是存在诸多的同义、近义甚至是反义、歧义，但它们的构建毕竟是特殊性文化向普遍性文化转变、人类历史走向世界历史过程中的新起点与新迹象。

简短评述

文化交往所追寻的文化同质化反映的是人类生存和发展的最基本的、前提性的利益、需要和能力状况，表现人们对于最终或初始的普遍文化价值的认同，其目的是为了发现不同文化价值观念之间的"可通约性"，为世界文化走向某种程度的融合提供条件。在这方面，伽达默尔关于"效果历史"的思想颇具启发性。他说："真正的历史对象根本就不是对象，而是自己与他者的统一体，或一种关系，在这种关系中同时存在着历史的实在以及历史理解的实在。一种名副其实的诠释学必须在理解本身中显示历史的实在性。因此我把所需要的这样一种东西称之为'效果历史'。理解按其本性乃是效果历史事件。""理解从来就不是一种对于某个被给定的'对象'的主观行为，而是属于效果历史，这就是说，理解是属于被理解东西的存在。"② 历史文化的意义

---

① ［德］孔汉思，库舍尔编. 全球伦理——世界宗教议会宣言. 成都：四川人民出版社，1997. 12.
② ［德］伽达默尔. 真理与方法（上卷）. 上海：上海译文出版社，1999. 8.

不是有待人们去发现与理解的"客体",而是与作为理解者的主体共生的。对于文化交往来说,文化交往所达到的"同质"应该是一个"全球性视域融合"过程,是具有不同文化传统的民族之间通过彼此沟通与对话达成共识与共生的过程,而不是以一种特殊性文化去取代另一种特殊性文化的过程,也不是以一种特殊性文化去同化另一种特殊性文化的过程。

然而,"今天文化全球化的每一潮流从根本上都处于西方思维方式的影响之下",① 每一个全球化的参与者之间也都处于极其不平等的地位上。当"同质化"的文化诉求与这种不平等的全球文化交往关系联系在一起并发生共谋时,这种文化追寻在很大程度上转变成一种权力欲的发泄,沦为强势文化取代、同化弱势文化的文化霸权、文化扩张抑或文化殖民的理论基础,从而在文化交往中强势文化总是企图"吃掉"弱势文化,消灭它们之间的差异,建立起一种普世的"人类共同文化"。这是一种弱势文化在不平等的文化交往中与强势文化在结构上、构成上、性质上求得完全一致的文化。事实上,这种以君临者自居的强势文化是无法与他文化求得共在与共生的,尽管它统治的地域可以非常的广大,但也不能证明它就是普遍性的人类共同的文化。自恃为"人类共同文化"的强势文化根本没有真正具有同质性的全球文化视域,因而它归根到底还只是一种民族性的地域性的特殊性文化。所谓文化同质化的诉求不过是"假借普遍主义形式的特殊主义"② 而已。因此,这种"特殊主义的普遍化"只能以"力"治人,必然激起最广泛的文化反抗,导致普遍的文化冲突。

任何文化都不是单一逻辑发展的系列,它和它所反映的人类世界本身都包含着无数逻辑异质的属性,其意义在一个社会的不同历史阶段以及在不同社会中都存在着巨大的差异。因此,与文化交往中文化趋同现象相伴生的文化异质现象和文化本土化现象以其在事实上的全球化表明,用一种文化模式来统一世界不过是"徒托空言,鲜有其实",不过是一个一厢情愿的浪漫主义文化幻想、一个根本无法实现的文化乌托邦。如果为实现"天下大同"而有意识地以特定的文化体系的扩张来改变世界,就不可能仅仅导致该文化体系所逻辑地推知的那种后果——全球文化交往的确呈现出同质化的趋向,同时

---

① 〔日〕星野昭吉. 全球政治学. 北京:新华出版社,2000. 192.
② 汪晖.《文化与公共性》导论. 汪晖,陈燕谷主编. 文化与公共性. 第 2 版. 北京:三联书店,2005. 28.

也一定会出现大量的超出该文化体系的逻辑覆盖范围的异质性后果——全球文化交往中多元文化的凸现及其冲突就是例证。因此，"天下大同"只是一个难以实现的初衷。

二、群雄逐鹿：文化交往实现的多元化

在当今的全球化进程中，文化同质化主要体现的是以特殊性取代普遍性，并在文化交往中进行文化扩张与文化渗透的文化霸权主义。这种以单一文化形式统一全球的企图在行进过程中使与之交往的弱势文化产生了"一种混乱的吞噬和淹没感"①。这可能刺激弱势文化从交往中撤退，回到传统主义或原教旨主义的安全感当中，或者在全球的文化交往中积极地强调自身的民族文化、强烈地呼吁地方文化。这种情形说明，全球化进程颇具矛盾色彩，产生了相反的两种结果：一方面是各民族文化在不断增长着的互动关系中日益趋向同质化，另一方面是在这种互动关系中对差异性越来越强的敏感而使全球文化呈现出的多元异质性。可以说，文化的"同质性与地方差异性是同步发展的，后者无非是在土著文化的自主性这样的名义下做出的对前者的反应"②。

文化的异质性或多元化，其核心是文化的多样性，其旨趣在于"不仅仅造成一种差异感，而且认识到这些差异源于对一种文化普遍共有的忠诚和固有的对所有文化一律平等的理念的认可"。③ 对文化交往所实现的文化多元化，根据文化主体的文化选择，存在两种情况：一是由多样性的异质文化在文化交往中走向理性共识或在理性多元论基础上的"重叠共识"，即求同存异、和而不同，这是实现全球文化共同繁荣和发展的基础；④ 二是在文化交往中固执于文化的特殊性和异质性的认同，坚持强度不同的文化传统之间在社会基本理念与价值立场上的"无公度性"，或者坚持不同文化形式之间的等级性，排斥任何形式和程度的"可通约性"，偏重于强调保持自身文化传统的"本真性"以及对之的"承认"，导致交往中的多元文化之间的冲突与斗争。

---

① ［英］迈克·费瑟斯通. 消解文化. 北京：北京大学出版社，2009. 126.
② ［美］马歇尔·萨林斯. 什么是人类学的启蒙？——20世纪的一些教训. 马戎，周星主编. 二十一世纪：文化自觉与跨文化对话（一）. 北京：北京大学出版社，2001. 102.
③ ［英］C·W·沃特森. 多元文化主义. 长春：吉林人民出版社，2005. 3.
④ 对于文化多元化的这一种情况将在本章的第三个问题中进行探讨，在此不予赘述。

（一）本土文化或地方文化的复兴

在全球化进程中，本土文化或地方文化的复兴是在文化交往中凸显并不断蔓延的一种文化现象，是对全球压缩和激增的全球流动所产生的去全球化的反应，表现为文化交往中的弱势文化对自身历史的传统、习惯、生活方式、符号、信仰、价值观等一整套观念文化体系的尊崇和维护。本土文化或地方文化的复兴有两个原因：一是在文化交往中面对外来强势文化的侵蚀所造成的意义失落而在无意识层面上出现的一种对自身文化传统的自我赞颂；二是在文化交往中面对外来强势文化的扩张而自觉产生的对自身文化传统在理智上的自我保护。现实的社会生活中，本土文化或地方文化复兴的原因往往是两者兼而有之。

就情感上对文化传统的称颂而言，在全球化的文化交往中，由强势文化所塑造的那种超文明的、跨越文化差异的同质化力量给交往中的弱势文化传统带来了巨大的冲击，导致文化传统的日渐失落及历史的非连续性。这种文化同质化力量所造成的对弱势文化传统的拒斥与对历史观念的排斥，一方面使弱势文化体系下的人们失去原有的生活依托，丧失地方感，文化传统原有的价值观念及其有效性受到质疑。另一方面，由于缺少意义的支撑，随之而来的后果是人们无处安立的灵魂游荡在陌生的各种意义体系的边缘，无家可归，处于精神分裂的状态。在这种状态下，曾经的意义世界的现实残余对他们来说，似乎都在强烈地昭示着传统文化的复原力与凝聚力，使他们在情感上不顾现实的变化而期望逝去的东西再回来。伴随着传统文化的失落以及这种失落使人们产生的对传统文化的追忆与怀念情绪、赞颂与维护行为就形成了现代"文化乡愁"（又称作"文化怀乡"），它实际上源于现代社会经济主义普遍扩张的现实，源于全球化对民族多样性和文化多样性的同质要求。① 因此，在全球化所造就的不对称的文化交往中，强势文化扩张自己的文化价值观以吞噬和淹没弱势文化的同质化旨趣越明显，弱势文化在情感上尊崇、维护和发扬自身文化传统的旨趣就越强烈。"对于怀乡的人来说，世界是异己的。"② 尽管这种在情感上尊崇自身文化传统的旨趣并不一定要求把自身的文化传统作为普世的文化价值加以推行或强加于其他文化主体，但这种对文

---

① 郁建兴. 全球化：一个批判性考察. 杭州：浙江大学出版社，2003. 71.
② ［美］罗兰·罗伯森. 全球化. 上海：上海人民出版社，2000. 209.

传统的自豪与推崇心理却对本土文化或地方文化的复兴起到了推波助澜的作用。

从根本上来说，"文化乡愁"是出于文化认同的需要。文化认同是人们的一个基本需求，对大多数人的生活目标具有极其重要的意义。人们不仅仅是原子似的个人，不是"孤独的狼群"，而是具有相同文化心理与文化背景的共同体。文化认同作为共同体认同的根据与轴心，是维系一个共同体特别是民族共同体存在的纽带。近代以来，民族在世界历史的发展进程中扮演着非常重要的角色。民族国家兴起，他者所产生的外部压力，不断升级的权力斗争与淘汰竞争以及为动员民众参与竞争而构建的独一无二的特殊性——民族文化认同变得越来越重要。它"支撑着一个民族体验一种超越死亡而包罗一切的意义感，或者说让个人服从于一种神圣的整体性而使死亡变得具有了意义"。① 由此奠定现存于世界上的各民族国家的文化的合法性基础。然而，在日益压缩的全球化时代，民族文化认同越来越成为问题。文化交往的普遍建立，由发达资本主义经济和政治支撑的现代性文化在向世界各地挥洒其文化霸权，使之具有一种普遍化的力量，且这股力量具有强大的穿透力，渗透进所有的民族国家，侵蚀各民族国家的本土文化。这种渗透与侵蚀并不是明确的把西方现代性的文化价值强加于其他民族的"文化霸权"，而是隐蔽扩展文化范围的"文化扩张"，② 汤姆林森称之为"非领土扩张化"，它可以使人们的文化认同在不自觉的状态下发生改变。在这种情况下，如果民族共同体通过调动文化情感与重建文化心理来维持民族文化的边界，借用历史的记忆（以汲取营养的方式）来构想或描述一个与外来现代性文化充斥着差异的统一形象，那么民族共同体不仅可以转移内部的矛盾与冲突，而且能够保护自己抵抗普遍主义的挑战。因此，在民族国家的发展及其与其他民族国家的关系中，文化因素都具有长期的重要性。可以说，无论在什么时候，民族国家首先是文化性的，而后才是政治性的，没有文化的根，没有文化作为安身立命之本，民族国家的存在就会不堪一击。所以，本土文化或地方文化的复兴不仅仅是一种情感上的文化怀乡，更是一种理智上的自我保护。

因此，激增的文化流动并不一定必然带来更大的宽容和更强的世界主义观念。对"他者"越来越熟知，提高了民族国家维系自身文化传统之整合性

---

① ［英］迈克·费瑟斯通. 消解文化. 北京：北京大学出版社，2009. 153.
② 王沪宁. 文化扩张与文化主权. 复旦学报（社会科学版），1994，3：10.

的敏感度，导致了本土文化或地方文化的复兴。这是全球化进程的一个后果。正如美国未来学家约翰·奈斯比特所说："随着愈来愈互相依赖的全球经济的发展，我认为语言和文化特点的复兴即将来临。简而言之，瑞典人会更瑞典化，中国人会更中国化，而法国人也会更法国化。"① 对于珍视与关爱民族文化传统的本土化或地方化现象，这是无可厚非的。全球化进程中的确存在着强势文化推行"文化帝国主义"的潜在危险，它为本土文化或地方文化的复兴提供了合理的论证，更何况文化本土化或地方化本身并不代表保守的文化观或文化部落主义，因而本土文化或地方文化的复兴可以看作是对"文化同质化"的一种反抗，甚至是一种出于无奈而维护自身的做法。然而，本土文化或地方文化复兴的过度吁求在一定程度上导向自我文化中心主义，特别是那些狂热的民族主义分子往往把本土化或地方化夸大到一个不恰当的地步，使全球化进程中凸现的多元文化现象不仅表现为本土文化或地方文化的复兴而且表现为一种对原教旨主义的寻求。

（二）原教旨主义的寻求

"原教旨主义"（fundamentalism）本意是指严格地遵奉宗教信仰中原初的、根本的、正统的信条。在普遍的文化交往中，原教旨主义作为本土文化或地方文化复兴的极端化的表现，是把某种地方性的、民族性的文化传统极端化、绝对化，并力图用这种绝对化的地方文化传统来重新组织社会生活，甚至用这种绝对化的地方文化传统价值观来改造整个世界。罗伯森认为，原教旨主义是"一种有价值取向的、反现代的、逆分化的集体行动形式——旨在根据某一套独特的绝对价值重新组织所有生活领域的社会文化运动"。② 在这个意义上，原教旨主义是对本真的地方文化传统的回归与最保守的信仰，或者说是一种最极端的文化孤立主义，通向最野蛮的文化霸权主义，强化以特殊性为中心的普遍主义。

在本来的意义上，寻求原教旨本身与文化的本土化或地方化现象一样，是文化交往普遍建立本身所具有的一个重要内容，是去/反全球化的回应，"置于全球背景下向外渗透社会和被渗透社会之间复杂的系列关系之中"。③

---

① ［美］约翰·奈斯比特. 大趋势. 北京：中国社会科学出版社，1984. 75.
② ［美］罗兰·罗伯森. 全球化. 上海：上海人民出版社，2000. 244.
③ ［美］罗兰·罗伯森. 全球化. 上海：上海人民出版社，2000. 213.

费瑟斯通认为，在全球舞台上进行对话的频繁程度与方向的多元性，使得全球化进程无法还原为西方现代性观念中的全球化进程，曾遭西方现代性的普适主义构架排斥的多元文化和特殊性，现在崭露面目并对该构架的合理性提出了自己的质疑，以挽救"丧失地方感"的危机。① 因此，对于现实存在着的广泛的"对原教旨的寻求"而言，"最恰当的是首先将它看作全球化的一个方面。在根据其基本意义将全球化定义为包含着世界压缩的同时，我们必须坚持，正是'寻求原教旨'这种全球性是全球化最令人感兴趣的特征"。② 它表明，西方现代性观念中的全球化进程是比较困难的，一种全球文化不可能是某个特殊性文化的放大，因而寻求原教旨不过是普遍建立的文化交往中必然出现的对地方性与民族性文化传统给予承认的一种需求，是面对西方现代性文化的扩张而彰显本土文化的自主性，是以对本土文化的认同来抗击外来文化力量的竞争诉求。"对认同诉求的期望，为全球化这一总过程所固有"。在这个意义上，寻求原教旨是一种普遍化的寻求，"不只是一种伊斯兰现象"。③

然而，在当前的全球化进程中，对原教旨的寻求更多地倾向于"传统主义"而非"现代主义"。这种传统主义所表现的是"对现行政治、经济和社会制度的失败感；对西方的幻想的破灭，而且经常表现为对西方的排拒；对认同感和真实性的寻求"。④ 在全球化不平等的文化交往中，"认同就是权力"，对本土文化的认同本身包含了对文化权力的寻求、承认与维护。因此，"在当代，'本真性'的表现完全可能是对权力的可怕要求，或者说至少是对赋权的可怕要求"。⑤ 当强势文化的认同诉求在文化交往中得到满足并获得权力时，它就越来越严重地挤压与侵蚀弱势的本土文化，使本土文化衰落，造成异常的紧张状态与异化状态，认同诉求受到阻碍。在这种情况下，强势文化对弱势文化的挤压与侵蚀越严重，弱势文化的认同诉求就越强烈。"当人们不能再继续保持自己的习惯，客观情况不再允许'传统的'生活方式延续下去，人们的心理承受力就会变得相当脆弱、不堪打击。于是，来自文化外围的挑战愈是猛烈，文化内抗争的因素愈受激发，这时人们植根于传统的身份认同会

---

① [英]迈克·费瑟斯通. 消解文化. 北京：北京大学出版社，2009. 120—158.
② [美]罗兰·罗伯森. 全球化. 上海：上海人民出版社，2000. 238.
③ [美]罗兰·罗伯森. 全球化. 上海：上海人民出版社，2000. 251、241.
④ 马德普等. 普遍主义与多元文化. 北京：人民出版社，2010. 113.
⑤ [美]罗兰·罗伯森. 全球化. 上海：上海人民出版社，2000. 239.

变得非常重要。"① 以至于不顾事实上已经客观存在的纵横交错的各方面因素的相互作用，盲目执着于原教旨的寻求。这种寻求的结果往往使"他们惊讶不已"，他们无比喜悦地发现"过去是尊贵的，辉煌的，庄严的"。② 于是，日益强烈的对本真民族文化传统的笃信以及惟恐本真民族文化传统受到侵蚀和"污染"的心态，把这种寻求演变为一种强烈的文化和政治运动，采取极端化的形式，对原教旨的寻求转变为原教旨主义。正如拉吉罗所说，"强制只能生成反叛，并推动民族情感向压迫者坚称自己的存在"。③ 从这个角度来看，原教旨主义运动"基本上是以西方把伊斯兰作为他者文化的理解为根据的文化间交换的一种后果"，④ 是应付混乱、失去认同、失去意义和安全的社会结构的一种方法。而这些都是由于不平等的文化交往中弱势的普遍主义文化受到强烈压缩而出现的强大的反作用力造成的。

在当下的文化交往中，"争取承认的斗争"，无论对强势文化还是弱势文化来说，至少在思想上都是普遍存在的。更何况发生在历史不远处的"9·11"事件还余温尚存。可以说，原教旨主义最与众不同的地方其实并不在于它对本真的民族文化传统的保守信仰，也不在于它企图拥有的什么独特的"教旨"，而在于它在不择手段地对本真的民族文化传统进行狂热而偏执的维护与推行过程中所表现出的对异己的极度不宽容性。这种不宽容性在维护本真的民族文化传统、在寻求原教旨的理由之下获得了存在的合法性。当它遭遇恐怖主义并与之相结合之时，就会造成一系列的人间惨剧。因此，"对原教旨的寻求"本身作为多元文化的潮流不可能也不应该被消灭，而应该被消除的是任何以"寻求原教旨"为藉口而强加于人的"主义"，因为这样的原教旨主义脱离了维护文化本真性的意义域，已经沦为以文化为借口的暴力，其本身就像毁灭巴米扬大佛那样是一种毁灭文化的野蛮行为。

（三）萨义德的"东方主义"

萨义德在《东方学》一书中提出的"东方主义"（Orientalism）理论，是对文化交往中西方现代性文化挥洒文化霸权的一种批判性研究，被认为是开创了后殖民主义批判的先河。在《东方学》中，萨义德主要从西方文化殖民

---

① ［德］哈拉尔德·米勒. 文明的共存. 北京：新华出版社，2002. 65.
② 罗钢，刘象愚主编. 后殖民主义文化理论. 北京：中国社会科学出版社，1999. 278.
③ ［意］圭多·德·拉吉罗. 欧洲自由主义史. 长春：吉林人民出版社，2001. 382.
④ ［美］罗兰·罗伯森. 全球化. 上海：上海人民出版社，2000. 241.

的话语规则、逻辑程式的角度对西方现代性文化如何在非西方世界实现文化殖民进行了分析。他认为，"东方主义"奠基于对"东方"与"西方"进行区分的本质主义的思维方式，是西方殖民主义对非西方世界所进行的某种建构，其目的是在进行文化殖民的过程中建立一种话语体系、评判尺度与文化操作机制，即建立一种文化殖民的策略，实现对非西方世界（东方国家、第三世界国家）的文化控制，实现自身作为普遍价值的指引者的诉求。所以，"东方主义"并不是对东方本身的研究，而是西方现代性文化主体的东方主义。

既然东方主义是西方现代性文化主体的东方主义，那么东方主义话语中的"东方"就是西方炮制出来的以西方意识形态为转移并附和西方需要的"非我"。萨义德这样说："东方几乎是被欧洲人凭空创造出来的地方，自古以来就代表着罗曼司、异国情调、美丽的风景、难忘的回忆、非凡的经历。"① 它"并非一种自然的存在"，而是人为建构起来的，"有着自身的历史以及思维、意象和词汇传统，正是这一历史与传统使其能够与'西方'相对峙而存在，并且为'西方'而存在"。② 因此，所谓的"东方"并不是（或不仅仅是）实际地理意义上的东方，并不与自然存在着对应关系，而是帝国因素与想像因素的奇怪结合。作为一个西方人创造出来的非西方世界、他者的世界，"东方"只是随着资本主义的兴起与现代性的全球扩张进程而发展起来的西方"处理东方的一种机制"或"西方用以控制、重建和君临东方的一种方式"，③ 具有深刻的政治和文化内涵。

东方主义的话语与社会、经济和政治的机构关系密切，是一个充满权力关系的概念，隐藏着西方殖民主义者对"东方"的塑造、描述、教授、殖民与统治的关系，是"东方化东方"的依据。这即是说，"东方学的一切都置身于东方之外：东方学的意义更多地依赖于西方而不是东方。"④ 这无疑承认，"曾经有——现在仍然有——许多不同的文化和民族，他们的生活、历史和习俗比西方任何可说的东西都更悠久。"⑤ 非西方文化在本质上是与西方文化不同的。因而，东方主义所要论证的"他者文化、社会和历史的再现"⑥ 不过是

---

① ［美］爱德华·萨义德. 东方学. 北京：三联书店，1999. 1.
② ［美］爱德华·萨义德. 东方学. 北京：三联书店，1999. 6—7.
③ ［美］爱德华·萨义德. 东方学. 北京：三联书店，1999. 4.
④ ［美］爱德华·萨义德. 东方学. 北京：三联书店，1999. 29.
⑤ ［美］爱德华·萨义德. 东方学. 北京：三联书店，1999. 7.
⑥ 罗钢，刘象愚主编. 后殖民主义文化理论. 北京：中国社会科学出版社，1999. 3.

反映近代以来西方"妖魔化"东方，并迫使东方服从于西方权力和统治欲望的事实。诚如历史的发展所表明，近代以来的世界史就是一个西方文化史排挤东方文化史的过程，就是西方社会销毁非西方社会历史记忆的过程。因此，萨义德对"东方主义"批判的真正旨趣不在于指出东西方划分缺乏事实的依据，而在于指出西方文化的话语权力阻碍了非西方文化的发展，从而试图消解西方中心主义以打破中心与边缘的界限。由此可见，真实的东方是另外的存在，具有与西方文化不同的价值；东方主义的"东方"则只是作为西方构想出来的东方，在这一层面上，西方现代性文化一统天下的状况就仅仅是一个还停留在构想中的权力话语。

这里的问题在于，在批判了东方主义之后，非西方文化如何才能走出东方主义的阴霾呢？萨义德认为，东方学是无法抵抗的体系。当殖民者离去之后，殖民地从殖民主义中解放出来的任务却远未完成，因为话语是最为微妙而又无可逃避的权力形式。殖民话语与被殖民话语之间并不是断裂的，即每一种文化的发展和维持都需要另一种不同的、具有竞争性的文化，即"他者"的存在。不言而喻，文化是多元的，并且是相互依存的。西方需要东方，东方也离不开西方。在《东方学》的姊妹篇《文化与帝国主义》中，萨义德进一步指出这种话语的非断裂性。他说："胜利了的土著很快就发现，他们需要西方。"① 不仅正统的民族主义走的是帝国主义铺设的道路，且在很大程度上依赖于殖民主义制造的现实，而且已经离开了殖民地的西方仍然在众多的文化领域中"有效地使对方沉默，把差别重新塑造成属性"。② 可见，西方殖民主义和过去一样，在具体的政治、意识形态、经济和社会活动中，在一般的文化领域中，仍然以某种方式继续发生着相当大的影响。非西方殖民地与殖民主义之间还存在着严重的依附现象。"一切文化的历史都是文化借鉴的历史。文化不是不可渗透的。"③ 在非西方世界，民族主义、民族认同等虽然获得了前所未有的重视，但是，它们之所以获得重视，"民族的就是世界的"观点之所以被前所未有地加以宣扬，最主要的原因还在于"帝国主义的存在"。因此，民族主义的普遍化成了帝国主义全球化的标志。这意味着，西方的帝国主义与非西方的民族主义是两种正反对立却又相互依赖的力量，其中帝国

① ［美］爱德华·萨义德. 文化与帝国主义. 北京：三联书店，2003. 24.
② ［美］爱德华·萨义德. 文化与帝国主义. 北京：三联书店，2003. 236.
③ ［美］爱德华·萨义德. 文化与帝国主义. 北京：三联书店，2003. 309.

主义具有强大的影响力和控制力，使它们之间既保持着差异性，又紧密地相互联系与相互依赖，从而"任何对其进行一元化或简单化描述的企图都注定要落空"。① 换句话说，"无论一种思想意识或社会制度的统治多么完全，永远有某种社会历史是它所不能覆盖和控制的。从这些部分历史就时常产生反抗。"② 由此可见，只要非西方社会的依附现象存在，在萨义德的视界中，全球文化交往就会以反抗西方殖民主义的文化斗争呈现于世人面前。

应该说，萨义德的"东方学"正如他本人所表明的，是"在试图对这一对立（引者注：指东西方文化之间的对立）的结构进行描述，试图减轻其可怕的后果——永久化"，是"对差异意味着敌对，意味着对立永远无法消解这类观念以及从中产生的一整套对立性认识提出挑战"，③ 目的在于瓦解西方中心化的"宏大叙事"，使非西方文化发出自己的声音，并在文化交往中通过真正的对话与交流加强彼此之间的相互依赖。然而，由于事实存在的依附现象与"后殖民"现象，使得任何对它们的反叛都只能以斗争的形式来呈现。所以，只要依附还存在，差异就意味着敌对，以对话和交流来实现的相互依赖就不会成为现实，文化交往就只能是一场殖民主义和反殖民主义在文化领域中的争斗。

（四）亨廷顿的"文明冲突论"

与萨义德在全球文化交往中寻求文化身份的论证不同，亨廷顿在全球文化交往中急于寻求的是一个新的权力中心；与萨义德强调全球文化交往必然反叛文化同质化而呈现文化异质化一样，亨廷顿站在"西方中心主义"的立场上，不仅打破了文化同质化的权力内核，强调文化的多元异质性，而且在全球多元文化交往中更强调与坚信文化的等级性，以及僭越各自等级而导致的各种文明之间冲突与斗争的不可避免性。亨廷顿在其著作《文明的冲突与世界秩序的重建》中所构建的正是这样一个理论话语。

在亨廷顿看来，文明是放大了的文化，是最高的文化群体和范围最大的文化认同，它确定人们的精神状态的同一性。但文明从来都是多元的。现代化不等于西方化，西方的民主不是普遍的模式。虽然文化交往使各种文明之

① ［美］爱德华·萨义德. 东方学. 北京：三联书店，1999. 447.
② ［美］爱德华·萨义德. 文化与帝国主义. 北京：三联书店，2003. 341.
③ ［美］爱德华·萨义德. 文化与帝国主义. 北京：三联书店，2003. 431，451—452.

间既相互作用又相互重合，甚至使它们的边界难得清晰，但它们之间的界限始终是真实的，差异始终是存在的。冷战结束以后，普遍建立的文化交往使不同文明之间的差异性更加明显了，尽管普世文明的思想同时也得到了发展。但是，亨廷顿认为，"人类在文化上正在趋同"的观点既不恰当又不深刻。普世主义作为西方对付非西方社会的意识形态，在非西方文明中并没有得到支持，因为"非西方人若是把世界看作是单一的，他们就感到它是一个威胁"。如果以"苏联共产主义的垮台意味着历史的终结和自由民主制在全世界的普遍胜利"来证明普世主义，那么这一论点则是错误的，其谬见在于认为世界"只存在唯一的选择"。① 如果以全球化进程中民族之间相互作用的增长而出现的达沃斯文化，或者以西方消费模式和大众文化在全世界的传播来论证普世主义，那么这一论点则既不是基本的也不是相关的，因为它们不过是缺乏重要文化后果的技术或昙花一现的时尚，没有改变文化本身，何况西方文化的本质是"大宪章"而不是"大麦克"。② 如果以广泛的现代化进程来论证普世主义，那么这一论点同样站不住脚，因为"非西方社会在没有放弃它们自己的文化和全盘采用西方价值、体制和实践的前提下，能够实现并已经实现了现代化"。③ 在消解了普世主义的立论基础之后，亨廷顿进一步以文化与权力的关系来论证普世文明的不可能性。他认为，文化在世界上的分布反映了权力的分布。文化几乎总是追随着权力。一个普世文明需要普世的权力。然而，现代化所带来的非西方社会权力的日益增长，正导致非西方文化在全世界的复兴。④ 因此，这个日益全球化的世界只能是一个多极的和多元文化的世界。

在多极文化共存的基础之上，亨廷顿提出"文明冲突"的范式来理解现时代的文化交往，为西方文明的发展指明方向。在这里，文明的冲突是西方文明与伊斯兰文明和儒家文明轴心的冲突。以亨廷顿的观点来看，冷战结束以后，国家根据文明来确定自己的利益，具有共同根源或共同文化的国家合作或结盟，并与具有不同文化的国家发生冲突。基于文化的新认同以及不同文化集团（在最广的层面上是不同的文明）之间冲突的新模式取代了冷战期间基于意识形态不同的两极对抗模式，从而"最普遍的、重要的和危险的冲

---

① ［美］塞缪尔·亨廷顿. 文明的冲突与世界秩序的重建. 第3版. 北京：新华出版社，2002. 56.
② ［美］塞缪尔·亨廷顿. 文明的冲突与世界秩序的重建. 第3版. 北京：新华出版社，2002. 45.
③ ［美］塞缪尔·亨廷顿. 文明的冲突与世界秩序的重建. 第3版. 北京：新华出版社，2002. 70.
④ ［美］塞缪尔·亨廷顿. 文明的冲突与世界秩序的重建. 第3版. 北京：新华出版社，2002. 88.

突不是社会阶级之间、富人和穷人之间，或其他以经济来划分的集团之间的冲突，而是属于不同文化实体的人民之间的冲突"。① 亨廷顿在强调文明冲突的时候，暴露了他的文化等级论思想。他认为，在决定世界格局的七种或八种文明②中，西方是唯一在其他各个文明或地区拥有实质利益的文明，也是唯一能够影响其他文明或地区的政治、经济和安全的文明。其他文明中的社会通常需要西方的帮助来达到其目的和保护其利益。③ 然而，后发展的其他文明的现代化并没有等同于西方化，于是，在非西方社会尤其是东亚和伊斯兰国家的实力日渐增强，而西方文化的感召力日渐消退之时，追随着权力的文化地位发生了变化：西方的影响在相对下降，非西方文明崛起，它不仅拒绝西方"强加"的文化价值，而且重新肯定与伸张自己的文化价值，并把自己视为世界的中心，把自己的历史当作人类历史主要的戏剧性场面来撰写。在这种情势下，当西方试图伸张自己的价值观或保护自己的利益时，非西方社会就会试图扩大自己的经济和军事力量，"用均势来平衡"与抵制西方。④因此，在冷战力量平衡被打破以后，非西方权力与文化的复兴不过是地方霸权主义与民族主义的抬头，它不仅使全球文化价值不可避免地走向多极化，而且自身也成为了世界不稳定的因素。在这里，隐藏在"文明冲突"最深层的西方中心主义与西方文化优越论的思想可见一斑。与此同时，亨廷顿对西方文明的忧虑也渐渐显露，并呼吁西方社会内部加强对自身独特性的认同，增进团结，保持自己的政治、经济、军事实力的优势地位，提高自身文化的吸引力，迎接非西方的挑战。

事实上，文化的多元化并不意味着它们之间是绝对的对立关系，只有当差异与等级相结合，多元文化之间的冲突才成为必然。然而差异与平等不是天生的对立物，因而世界各民族文化交往绝不是简单的彼此冲突。亨廷顿的"文明冲突论"把多元文化的差异性绝对化，站在高高的西方文明中心论立场上俯视非西方文明，消极地用美国国内的多元文化特征来重建世界秩序，忽略了非西方文明存在的合理性以及它们之间的共同性，这使得"文明冲突"不可避免地要陷入困境。对此，亨廷顿是有所察觉的，所

---

① ［美］塞缪尔·亨廷顿. 文明的冲突与世界秩序的重建. 第3版. 北京：新华出版社，2002. 7.
② 按照亨廷顿的分类，这七种或八种文明指的是西方文明、儒家文明、日本文明、伊斯兰文明、印度文明、斯拉夫即东正教文明、拉美文明以及可能的非洲文明。
③ ［美］塞缪尔·亨廷顿. 文明的冲突与世界秩序的重建. 第3版. 北京：新华出版社，2002. 75.
④ ［美］塞缪尔·亨廷顿. 文明的冲突与世界秩序的重建. 第3版. 北京：新华出版社，2002. 41，8.

以，他在最后还是不得不承认维护世界安全需要接受全球的多元文化性与寻求它们之间的共同性。[①]

（五）泰勒的"承认的政治"

与亨廷顿站在西方中心主义立场上把崛起的非西方文明作为"潜在"敌人进行主动的寻衅不同，泰勒站在弱势文化的立场上以文化社群的"本真性"作为凝聚力来反抗强势文化，提出了"承认的政治"。"承认的政治"作为一种互文性语境中的政治理论模型，源于对加拿大魁北克独立运动这一现实问题的思考，"是近年来在互文性语境中出现的一种比较强烈的要求，即应当给如今已经发展了的文化予平等的尊重"。[②] 对任何特殊性的文化价值来说，这种平等的尊重都是一个至关重要的需要。如果缺乏这种平等的尊重，就有可能造成可怕的创伤，使受害者背负着致命的自我仇恨。[③] 因此，在一个自由的世界里，理应保护和发展多元文化，平等地尊重多元文化价值。

如何理解平等呢？在泰勒看来，新自由主义思想文化视野中的平等体现的是"一种普遍主义政治"，坚持的是"程序性"承诺，强调的是所有公民享有平等的尊严，其内容是权利和资格的平等化。[④] 这是一种"无视差异"的整齐划一的平等，它使不同族群的文化差异被普遍主义程序所掩盖、同化和抹杀。因此，"只要这样思想还占统治地位，承认差异的可能就微乎其微。"[⑤] 换句话说，在这种普遍的价值中立的平等原则之下，多元文化交往"实际上是一种文化霸权的反映"，其结果是非主流文化和少数民族文化受到压抑并被迫采取异化的形式，从而文化交往最终滑入同质化的陷阱。新自由主义的无差异平等原则只是某种特殊文化的反映，不能为所有的文化提供可能的交往基础。[⑥] 与"普遍主义政治"形成鲜明对照的是"差异政治"，强调的是一种在

---

① ［美］塞缪尔·亨廷顿. 文明的冲突与世界秩序的重建. 第 3 版. 北京：新华出版社，2002. 368，369.

② Charles Taylor. The Politics Of Recognition. Edited and Introduced by Amy Gutman. Multiculturalism: Examing The Politics of Recognition. Princeton University Press, 1994. 42.

③ ［加］查尔斯·泰勒. 承认的政治. 汪晖，陈燕谷主编. 文化与公共性. 第 2 版. 北京：三联书店，2005. 291.

④ ［加］查尔斯·泰勒. 承认的政治. 汪晖，陈燕谷主编. 文化与公共性. 第 2 版. 北京：三联书店，2005. 300—301.

⑤ ［加］查尔斯·泰勒. 承认的政治. 汪晖，陈燕谷主编. 文化与公共性. 第 2 版. 北京：三联书店，2005. 312.

⑥ ［加］查尔斯·泰勒. 承认的政治. 汪晖，陈燕谷主编. 文化与公共性. 第 2 版. 北京：三联书店，2005. 305，320.

"承认甚至鼓励特殊性"基础上的平等，即"平等地尊重每一个人身上的潜能"与"平等地尊重如今已经发展了的文化"。① 在这里，隐藏在差异政治平等原则背后的是这样一个假设：所有各民族的传统文化都是有价值的，② 平等是以他们彼此之间的差异为基础而给予的无歧视的区别对待。

以对"平等"的不同理解为基础，普遍主义政治与差异政治最实质的分歧聚焦于多元文化交往中是否存在价值中立的"公共性"问题。以罗尔斯、哈贝马斯等人为代表的新自由主义对此持肯定态度，认为多元文化通过主体间的理性协商可以达成一定的"重叠共识"，这种共识是中立的，不偏袒任何一方，因为它是所有文化价值共同赞同的，并且是所有文化价值实现的根本性条件与规范基础。然而，泰勒断然否定了中立的"公共性"的可能，在他看来，通过交往协商而来的公共价值只是一种大多数人的认同，"在很大程度上是以关于好生活的判断——文化的凝聚力在这种判断中占有重要地位——为基础的"，因而它始终只是一种文化的价值呼求，而这种价值呼求使得"独特性被一种占统治地位或多数人的认同所忽视、掩盖和同化"，③ 因此，"要求我们承认并给予地位的是注定不能普遍分享的东西。"④ 很显然，多元文化交往所追求的不是"应然"的价值目标，而是源于特殊性文化内部的"独特的存在方式"或曰"本真性理想"。

多元文化以对"本真性"的追求作为存在的基础。本真性"意味着忠实于我自己的独特性"，这是只有"我"自己才能表现和发现的独特性，是"我"的方式，是"我"的内心发出的召唤，因而"我"必须按照这种方式去生活，如果不这样做，"我"的生活就会失去意义，而"我"所失去的又恰恰是对于我来说人之所以为人的东西。"正像个人一样，负载着某种文化的民族……也应当忠实于它自己，即忠实于它自己的文化。"⑤ 在以自由主义为主导的社会文化中，尊重个人自由平等的原子主义论对负载着某种文化的民族

---

① Charles Taylor. The Politics Of Recognition. Edited and Introduced by Amy Gutman. Multiculturalism: Examing The Politics of Recognition. Princeton University Press, 1994. 43, 42.
② ［加］查尔斯·泰勒. 承认的政治. 汪晖，陈燕谷主编. 文化与公共性. 第2版. 北京：三联书店，2005. 326.
③ ［加］查尔斯·泰勒. 承认的政治. 汪晖，陈燕谷主编. 文化与公共性. 第2版. 北京：三联书店，2005. 301.
④ ［加］查尔斯·泰勒. 承认的政治. 汪晖，陈燕谷主编. 文化与公共性. 第2版. 北京：三联书店，2005. 320, 302.
⑤ ［加］查尔斯·泰勒. 承认的政治. 汪晖，陈燕谷主编. 文化与公共性. 第2版. 北京：三联书店，2005. 295.

来说同样是有效的，只不过这种尊重是一种对差异的尊重。这种既坚持平等又承认差异的方式是在程序自由主义与封闭的多元主义之间开辟的"某种中间道路"——是"温和的自由主义"。[①] 按照这样的路径，不同民族一方面应该拒绝那种貌似中立的"公共性"，努力保存和发展自己的民族文化本真性，另一方面要在文化交往中追求平等承认的普遍性。

很显然，文化本真性与自我本真性一样，具有内外两个维度。从内在维度来看，文化本真性是寻求民族自己的生活方式，这种生活方式是该民族之所以为该民族而不为他民族而不得不获取的东西，是该民族文化的精髓，体现该民族文化中最核心的价值取向。由此可以识别出现代民族主义思想（不论其表现为温和的还是邪恶的形式）的萌芽。从外在维度来看，文化本真性"决不可能以独白的形式存在"，[②] 它必须获得承认。这意味着，文化本真性存在的合法性不是先验地享有的，它必须在交往中得到他文化的承认。当然，泰勒所构想的交往并不像哈贝马斯所构想的那样，是在对话的双方都自觉地遵守真实、正当和真诚的交往原则下实现的，相反，"我们总是同某种东西的对话（有时候是同它的斗争）中建构我们的认同"。[③] 如果在"扭曲的承认"存在的条件下，"斗争"更是一种重要的方式。泰勒十分赞赏意大利红色旅提出的"继续战斗"的口号，并进一步指出："斗争在继续——事实上，永远继续。"[④] 从不断去发现民族文化独特性的存在方式与发展道路，并在基本政治原则不作出妥协的条件下反击强势的殖民文化，消除边缘化意识，这种斗争本身是无可厚非的。

然而，问题在于文化本真性的两个维度的功能上。泰勒认为，尽管他文化的影响可能是永远无法摆脱的，但文化本真性的建构却始终是"内在地发生的"，并不需要在多元文化交往中"通过关系来建构自己"，而只"需要通过关系来实现自己"、"赢得承认"。[⑤] 文化交往对于文化本真性的意义只在于对"已经发展了的文化"（如魁北克省的法语文化）给予承认，至于内在的本

① ［加］查尔斯·泰勒. 承认的政治. 汪晖，陈燕谷主编. 文化与公共性. 第 2 版. 北京：三联书店，2005. 330, 321.
② ［加］查尔斯·泰勒. 承认的政治. 汪晖，陈燕谷主编. 文化与公共性. 第 2 版. 北京：三联书店，2005. 296.
③ ［加］查尔斯·泰勒. 承认的政治. 汪晖，陈燕谷主编. 文化与公共性. 第 2 版. 北京：三联书店，2005. 297.
④ ［加］查尔斯·泰勒. 现代性之隐忧. 程炼译. 北京：中央编译出版社，2001. 89—90.
⑤ ［加］查尔斯·泰勒. 承认的政治. 汪晖，陈燕谷主编. 文化与公共性. 第 2 版. 北京：三联书店，2005. 296—297.

真性的发展，则是不需要他文化参与的。换言之，"承认"以及为获得"承认"而进行的交往只是为多元文化的共在开辟道路，是多元文化共在的途径，而并非多元文化共生的途径。因此，只要是存在的就会成为合理的，承认的欲望凌驾在反思（建构与发展）之上。在这个意义上，所谓的普遍性只有在对"本真性"给予普遍承认的层面上才具有意义，即"普遍的要求推动了对于特殊性的承认"。[①] 然而，在现代社会的文化交往中，争取承认"本真性"的努力总是失败的，存在的并没有都成为合理的，对事实性的承认中往往交织着对有效性的判断。于是，那种只寻求事实性承认的诉求在现代社会难免会"主题化"。因此，"就反对由他人导致的扭曲而言，平等承认的政治现在是和本真性观念一起作战的。"[②]

其实，泰勒在新自由主义与分裂主义之间寻求中间道路，为当今多元文化共存问题所提供的"承认的政治"的理论建构无疑是有见地的，比亨廷顿及同质化思维的那些西方中心主义理论家们更让我们感觉亲切，因为他和我们一样，"没有理由相信某种文化不同的艺术形式全都具有同等的甚至很高的价值：每一种文化都会经历衰落的阶段。"[③] 然而，泰勒的这一理论建构最大的症结在于对现实社会生活中无时不在发生的文化交往所建构的有效性以及所带来的"全球文化"的视而不见，而无原则地追求着文化存在的事实性与特殊性，并把普遍性只是定义为一种"承认"的普遍吁求，从而消解了文化所应具有的反思与批判的维度。这种建构尽管在平等与差异之间的"既……又……"的句式看上去很美，但却显得乏力，难免有滑向相对主义的嫌疑。

简短评述

老子曰："反者，道之动。""反动"是道之必然，是事物的"规律"。于是乎，在当前的文化交往中，文化多元化作为对文化同质化语境的反抗、作为一种本土文化或地方文化的危机意识凸现出来。"收缩边界的本土化的动力

---

① ［加］查尔斯·泰勒. 承认的政治. 汪晖，陈燕谷主编. 文化与公共性. 第2版. 北京：三联书店，2005. 302.
② ［加］查尔斯·泰勒. 承认的政治. 汪晖，陈燕谷主编. 文化与公共性. 第2版. 北京：三联书店，2005. 300.
③ ［加］查尔斯·泰勒. 承认的政治. 汪晖，陈燕谷主编. 文化与公共性. 第2版. 北京：三联书店，2005. 325.

变得越来越不可忽视了，这部分是因为这些民族和文化认同受到了全球化侵犯的威胁"，因而"全球化的每一次扩展都会导致本土化的增加"。[①] 在这个意义上，文化多元化针对文化同质化力量消解人们对自身文化传统历史记忆的企图，积极倡导文化的异质性、多样性，坚持发展本土文化的特殊性，其目的就是力图在普遍建立的文化交往中保持本土文化或地方文化的独立性。

诚然，在全球化时代，倡扬文化多元化具有重要的意义。众所周知，在当下的文化交往中，西方现代性文化是起着主导性作用的强势文化。现代性话语在全球的扩张，导致了作为他民族精神家园的文化传统的声音越来越微不足道。这种客观存在的文化势差现象，使文化交往中强势的西方现代性文化严重挤压弱势的本土文化或地方文化，西方现代性文化的信息大量流向非西方世界。其中固然有必不可少的文化采借，但大量的文化信息却是弱势文化主体不得不接受的。文化交往变形为一种文化输出。非西方世界的文化传统日渐式微。针对这种情况，强调多元文化的存在与发展、坚持文化的多样性原则将有利于抵御强势文化的侵蚀、保持特殊性文化的独立地位。

然而，在这种不对称的文化交往中，坚持文化的多元化、强调文化的异质化，其负面的后果往往是非常显著的。一方面，以普遍主义自居的强势文化本身是一种特殊性文化，它对弱势文化的侵蚀源于自我文化中心主义的立场，这在一定程度上助长了以文化差异为基础的种族歧视主义倾向；另一方面，弱势文化为了自己的生存发展不得不大力主张自我的文化身份，强调彼此之间存在着的某种严格的界限。过度主张自己的文化会使对方受到伤害。当交往中的文化都过度强调彼此之间的多元异质性时，文化多元化就会变成洪水猛兽，就会使文化交往陷入文化相对主义的泥潭而不得不硝烟弥漫。在当今世界上发生的中东巴以冲突和战争、原南斯拉夫境内各族的冲突和战争、车臣和中亚各国国内的分裂活动等，无不与文化相对主义有关。最突出的是阿富汗与塔利班，其极端的宗教文化排他性，不仅毁灭历史文化遗产，而且在国内实行文化极权的专制统治，在国际大肆进行恐怖活动，成为严重威胁地区以至世界和平与安定的因素。萨义德的"东方主义"破解了西方殖民主义妖魔化东方的事实，批判了西方的殖民主义，强调真实的东西方文化之间所具有的异质性，因而在西方殖民主义的后殖民语境中，殖民主义与反殖民

---

① [美]詹姆斯·N·罗西瑙. 全球化的复杂性与矛盾. 王列、杨雪冬编译. 全球化与世界. 北京：中央编译出版社，1998. 210, 211.

主义的文化斗争始终处于未完成状态；亨廷顿的文明冲突论，虽然反映了文化差异成为当今世界文化冲突的重要根源的事实，但他的霸权主义立场又使得解决文明冲突只能以文化对抗的战略来应付，从而不仅无助于消解文化的冲突，反而会加剧矛盾和冲突；泰勒的"承认的政治"固然对保护弱势文化传统有一定的积极意义，但对本真性的寻求可能会演化为一种对某一种特殊性文化解释权的垄断，形成专制的文化极权，使文化交往发生异化，不足以达到促进文化发展的目的。由此可见，"形成一种完全特殊论的观点没有什么意义，除非你就是想从世界后退。"①

其实，文化多元化如同自然界的生物多样性，是人类存在和发展的宝贵财富和资源，意味着更多的选择与更新的机会。如果拒绝多样性而推广一种惟一的文化模式，对人类来说将是灾难性的，它将使人类的存在与发展停滞，世界失去希望。当然，现实的状况是：拒绝多样性，作为整体的世界却变得更为多样化。如果人类文化只有多样性、只有差异、只有特殊性呢？世界一样会失去希望，因为它会在多元文化的纷争与斗争中成为一个四分五裂、冲突无穷、随时可能会招致毁灭的世界。因此，多元文化如何共处？"群雄逐鹿"注定不是一种可行的方式。

三、和而不同：文化交往实现的混合化

至此应该很清楚，"文化的同质化与异质化不是备择（alternative）或替代的关系，它们会一同出现。"② 这意味着最好不要把现阶段文化交往中出现的同质化与异质化理解为一个结果，而应理解为一个过程。因而全球文化不可能是一个在同质化与异质化之间二选一的问题，而是一个在文化同质化的逻辑与文化异质化的现实之间相互作用而实现的多元文化并存、互补和共同发展的问题，即是全球与地方融合以形成一个混合物的问题。所谓的全球文化实际上应该是围绕着文化同质化（即普遍主义文化）和文化异质化（即多元文化）的关系而展开的文化的混合化或文化的整合。文化混合化，是一种多元文化的整合，既指在文化交往中不同文化特质与文化模式之间的自成一

---

① ［美］罗兰·罗伯森. 全球化. 上海：上海人民出版社，2000. 28.
② ［美］泰勒·考恩. 创造性破坏. 王志毅译. 上海：世纪出版集团，上海人民出版社，2007. 25.

格，也指文化交往中不同价值观念、生活方式之间发展的协调与相得益彰以及各种分散的、孤立的、甚至冲突的文化价值力量融合而成的凝结着人类整体利益、整体价值理想的力量。文化混合，作为理解全球文化问题的一个切入点，始终有两个层面：一是为推进地方文化的发展必须参与到全球化的文化交往中，不断借鉴与吸收他文化；另一方面是在这个不断借鉴与吸收他文化的过程中保持自身的文化传统，形成既适应时代发展要求又具有地方特色的新文化。文化的混合化是文化交往中以文化普遍性与特殊性的相互关系体现着的人类文化发展的进步主义立场。

（一）全球文化：一个多元共生的文化系统

文化交往的"中心问题是文化同质化与文化异质化之间的紧张关系"。[①]这即是说，文化普遍性的追求与文化特殊性的现实之间的关系问题，是文化交往的基本问题。在全球化时代，这个问题更加突出。在全球文化交往中所凸现的文化同质化及其理论观点与文化异质化及其理论观点分别在现实与理论层面上对这一问题进行了解答。文化同质化及其论点总是以"我们都是"来界定自己，忽略了在普遍性力量以很快的速度传入各特殊的文化形态中时，这种力量以至少同样快的速度被这样那样的方式本土化了；同样，文化异质化及其论点总是以"我们不是"来界定自己，忽视了各具特色的本土文化或地方文化在日渐深入的文化交往中所呈现并使用的普遍性的内容与手段。无论是文化同质化及其论点还是文化异质化及其论点，它们对全球化时代的文化交往问题的解答都预设了文化普遍性与特殊性的对立，是全球文化的两个相互对立的自造方式。

事实上，在全球化时代，文化交往所呈现出来的全球文化是一个多元共生的文化系统。在这个系统中，一方面，由于经济全球化的发展，更密切的金融与贸易往来，推动着不同文化之间的普遍交往；更高效快捷的通信方式（互联网、电话、传真等等），加深着文化交往在时空上的同步性；范围广泛的文化之流在强度上的增加，带来了处理文化交往问题的需要。费瑟斯通认为，在某些情况下，这导致具有中介功能的"第三文化"的出现。但是，在现实的层面，这些第三文化的大多数都需要从组织所源自的母国的文化中汲

---

① 阿尔君·阿帕杜莱. 全球文化经济中的断裂与差异. 汪晖，陈燕谷主编. 文化与公共性. 第 2 版. 北京：三联书店，2005. 527.

取养料。因此，在不少全球金融公司中流行的文化显而易见地是受美国人实践的控制。同样，在很多文化产业，比如电视、电影和广告当中，局面也是如此。^① 另一方面，也是由于全球激增的文化交往，文化之间的相互刺激和启发使得处理全球文化交往问题所产生的第三文化并不只是简单的复制母国文化，全球的参照框架、地方文化认同的诉求等都迫使第三文化必须将地方文化的特殊性考虑进来。因此，文化交往不可能实现全球文化的纯粹单一的同质性。"全球化到了现阶段，西方的民族国家不得不学习容忍自己边界之内愈发繁杂的多样性，这些多样性自身则呈现出更明显的多元文化主义和多元族群性的特征。"^② 这说明，在普遍的文化交往条件下，对他者越来越熟知所导致的并不必然是对他者的认同，相反，在面临他者的时候，地方文化形成与普遍认同的发展过程会更加容易，这是在响应他者的挑战而引发的使命感所致，它极大地促成了地方文化的异质性构造。

因此，全球化进程与地方化进程已不可分割地联系在一起。文化交往所呈现出来并将长期存在的全球文化，实际上是一个多元文化共存的全球文化系统，它既内蕴着与人类共同的实践活动相适应的普遍性的文化价值，又彰显着具有特殊价值取向的地方文化的特色。这种全球文化的一个主要特征是，统一于其中的普遍性与特殊性"都力图吃掉对方，从而各自宣称它们成功地实现了战无不胜的普遍性和恢复活力的特殊性这一孪生的启蒙思想"。^③ 这种互相吞噬关键的要点在于：全球文化交往正是在普遍性与特殊性持续不断的互相斗争中，不仅带来同质化，而且带来异质化。普遍性与特殊性作为全球文化这枚硬币之两面，是紧紧的联系在一起的，其间的斗争与张力既在作为文化交往结果的全球文化系统中，也在文化交往的过程中。

（二）特殊主义的普遍化和普遍主义的特殊化

文化交往的实践过程是文化同质化与异质化、普遍性与特殊性的相互作用过程。在全球化时代，文化交往所引起的"不同文化形态的运动、发展与变化呈现出一种整体的相关性和一致性。也就是说，任何个别群体（民族的、地域的或国家的）文化实践行为都离不开所处历史时代的文化整体的价值，

---

① ［英］迈克·费瑟斯通. 消解文化. 北京：北京大学出版社，2009. 125—126.
② ［英］迈克·费瑟斯通. 消解文化. 北京：北京大学出版社，2009. 126.
③ 阿尔君·阿帕杜莱. 全球文化经济中的断裂与差异. 汪晖，陈燕谷主编. 文化与公共性. 第 2 版. 北京：三联书店，2005. 543.

受整个时代文化价值力量的统辖与制约。这种情形预示着人类文化发展将面临着一次空前的文化整合"。① 这种文化整合在文化交往的实践过程中，呈现为"特殊主义的普遍化和普遍主义的特殊化这一双重过程"。②

所谓特殊主义的普遍化，"意味着认为特殊性、独特性、差异和他者性实质上没有限度这一思想的广泛扩散"，③ 意味着具有特殊性的各种地方性文化只要放弃各种形式的文化本质主义，以开放的姿态参与、融入到全球化的文化交往中，或者在文化交往中不固执于某种特殊性文化权利的过度吁求，某些特殊性的文化价值可以获得全球性的普遍意义。特殊主义的普遍化强调的是多元文化是世界文化的前提，地方文化是全球文化的基础。"普遍性产生于全世界各民族的经验"，不同地方的民族文化价值中都包含着普遍性的文化价值，"越是民族的就越具有世界性"。因而每一种文化都有其存在的价值，"每一种文化都有必须得到尊重和维护的尊严和价值"，"每个民族都有权利和义务发展其文化"。④ 恩格斯在《共产党宣言》波兰文版序言中谈到波兰的民族复兴时说："欧洲各民族的真诚的国际合作，只有当每个民族在自己国家里完全自主的时候才能实现。"⑤ 同理，具有民族特殊性的地方文化只有不断地发展自己、表现自己、认识自己，不倦地追求新的意义和创造出新的成果，才能最终超越自身的局限性而转变成为世界文化。马克思是德意志民族的，但他更是世界的。因此，对地方文化的发展、尊重与维护不可能是孤立进行的，它本身正是在普遍的文化交往中发生的一种"特殊性的全球化"。"促进地方性，只有在越来越具有全球性的基础上才有可能。"⑥ 如果无视全球化时代正在发生的普遍的文化交往现状，盲目固守地方文化的独特性，坚持特殊性文化之间的不可通约性，不考虑奠定所有特殊性文化统一性基础的实践和人性的因素而拒绝参与文化交往，那么，尽管多元异质的多样性文化可以在斯宾格勒的笔下"像田野里的花一样"绚丽，但终归"属于牛顿的死的自然"，将在孤立中枯萎、消亡。更为严重的是，如果把这种固守极端转化为原教旨主义，采取恐怖主义和暴力的手段，那么"文明的冲突"以至于文明的毁灭将

① 邹广文. 人类文化的流变与整合. 长春：吉林人民出版社，1998. 287.
② ［美］罗兰·罗伯森. 全球化. 上海：上海人民出版社，2000. 147.
③ ［美］罗兰·罗伯森. 全球化. 上海：上海人民出版社，2000. 147.
④ ［美］欧文·拉兹洛. 多种文化的星球. 北京：社会科学文献出版社，2001. 155，156.
⑤ 马克思恩格斯选集. 第2版. 北京：人民出版社，1995，1；267.
⑥ ［美］罗兰·罗伯森. 全球化. 上海：上海人民出版社，2000. 246—247.

会是劫数难逃。因此，"不向世界开放，不经常与其他文化联系，就不可能有积极的或产生好结果的认同感"，[①] 就不可能产生具有普世意义的文化价值。

　　所谓普遍主义的特殊化，"包含了普遍性的东西被赋予全球人类具体性这一思想"，[②] 意味着全球性的认知理念和文化价值观是可以本土化或者地方化的，或者说普遍性的文化价值观是不断地渗透和融入到特殊性的地方文化之中的。普遍主义的特殊化强调的是普遍性并不等于无差异性，任何普遍的文化价值都是寓于特殊性之中的，不存在脱离具体语境的普世文化，任何具有民族特性的地方性文化都以自己的方式诠释、分有着普遍性的文化价值。这好比"桔生淮南，则为桔；生淮北，则为枳。所以然者何？水土异也"。在文化交往中，全球文化只可能存在于地方性的本土文化之中，因而全球文化的存在意味着本土文化的加强或联合，意味着"从全球着想，从本地着手"，[③] 也即是罗伯森所说的"全球地方化"。在这个意义上，特殊性文化只要在坚持本土文化独立的前提下把外来的文化因子当作发展自身的文化资源，积极采借与吸收先进的文化因子，寻求地方文化发展的"重叠共识"，特殊性文化就可以在全球文化的观照下不断地推陈出新，壮大发展。可以说，在普遍主义的特殊化中存在着这样一种逻辑：越是被普遍性文化价值所渗透的越有个性；越是拒绝普遍性文化价值的则越缺乏个性。法国文化人类学家莱维—斯特劳斯说，"人类文化的多样性，与其说是基于各种族间的隔绝，不如说是基于它们之间的联系。"[④] "特定社会的文化在不同程度上是它们与全球体系中其他社会的互动的结果。换言之，民族社会的文化是在与其他重要文化的相互渗透中分别形成的。"[⑤] 因此，普遍性本身产生了特殊性，越是丰富的普遍性中越是会保存着独特性的飞地，越有可能出现庄生笔下"此亦一是非，彼亦一是非"的状况，且这种状况越是充满生机与活力。近代以来的日本文化的发展正是普遍主义特殊化的成功范例。当然，如果以某种普遍性文化价值具有更多的某一特殊性文化的背景为由，将该特殊性文化等同于普遍性文化加以"特殊化"的话，那么这种披上普遍性外衣的特殊性文化就会垄断世界文化而肆无忌惮地强行侵蚀与渗透到他文化之中，吞噬与淹没他文化，进而中断其

①　[美] 欧文·拉兹洛. 多种文化的星球. 北京：社会科学文献出版社，2001. 205.
②　[美] 罗兰·罗伯森. 全球化. 上海：上海人民出版社，2000. 147.
③　[美] 罗兰·罗伯森. 全球化. 上海：上海人民出版社，2000. 247.
④　转引自河清. 破解进步论. 昆明：云南人民出版社，2004. 85.
⑤　[美] 罗兰·罗伯森. 全球化. 上海：上海人民出版社，2000. 163.

他地方性文化的发展，迫使文化交往发生异化而朝着一个单一的向度前进。尽管这种文化霸权的扩张行为未必得逞，但对这种行为方式的反抗却使人类文化交往再次难逃"文明冲突"的厄运。

因此，文化交往中的文化普遍性与特殊性不能截然分割，它们之间是紧密联结而相互作用、相互补充、相互渗透的。在这里，可以更实用地说"全球文化"这个概念，不过是文化普遍性与特殊性融合以形成一个混合物的概念。很显然，不同地方文化之间的混合与杂交才是世界文化的基本特色。正如阿帕杜莱所指出的，"这个世界的起点和终点都是文化流动，所以寻求确定的参照点（就像批判的生活选择所做的）可能是非常困难的。正是在这样的氛围中，人为地发明的传统（以及民族性、亲缘关系和其他认同标志），恐怕只能是水中捞月，因为跨国交往的流动性总是会挫败寻求确定性的努力。"[①]如此说来，在当前的全球化进程中，文化交往所呈现的文化普遍性与特殊性之间的"断裂"、"文明的冲突"不过是文化混合或整合的一个环节，文化进步的曲折，新文化生产的阵痛。因此，唯有自觉地投入到全球化的文化交往中，修复这种断裂，才有可能真正地实现人类文化的发展与进步。

（三）罗兰·罗伯森的全球文化理论

在全球化的文化交往中，如果说文化同质化与文化异质化只不过是文化混合或整合中的一个环节的话，那么文化混合或整合就可能为全球化的文化问题提供一个更为实际、更为宽容、在道德上也更能被人们所接受的新方式。然而，文化同质化与文化异质化的事实和理论已经带来的"本体"定义的流行，或者说本质主义的认知方式的凸显，使得文化混合化的发展首先需要一个正确理解文化的普遍性与特殊性的理论范式，以引导文化交往在思想倾向上的重大变化，为人们走出文化交往中的同质化抑或异质化的泥潭提供可选择的方向，推进文化交往的健康发展。

美国匹兹堡大学社会学教授罗兰·罗伯森在《全球化——社会理论和全球文化》一书中关于全球文化的理论"提出一种文化选择方案"，[②] 为文化混合化提供了一个有力的理论范式。从全球化的现实出发，罗伯森提出了一个

---

① 阿尔君·阿帕杜莱. 全球文化经济中的断裂与差异. 汪晖，陈燕谷主编. 文化与公共性. 第2版. 北京：三联书店，2005. 545.
② ［美］罗兰·罗伯森. 全球化. 上海：上海人民出版社，2000. 中文版序言.

由四个要素组成的"全球场"模式，即由民族社会、个人或自我、民族社会之间的关系或诸社会组成的世界体系以及总体意义上的人类即全人类构成。从现实的观点来看，全球场中的每一个参照点都是相对自主的，它们对全球状况有种种不同的取向，对世界秩序有着种种不同的形象。在日趋推进的全球化进程中，这种种的不同都有所增强、都不断扩散。与此同时，"作为一个整体的'全球场'，是一个因各种文明的文化、民族社会、国内和跨国的运动和组织、亚社会和族群集团、社会内的半集团、个人等等的压缩——就这种压缩越来越对它们施加种种制约，同时又赋予它们不同权力这一点而言——而形成的社会文化'系统'"，[①] 它在推进过程中因压缩而对其中的每一个参照点所施加的种种制约又迫使它们联系全球人类状况来重新形成自己的认同。这就是说，全球场的四个参照点之间是互动的，它们互相反思，促成各自的不断升级以及彼此间关系的转变，其中每一个参照点都是在相互作用中相对自主地渐进发展的过程。这些过程汇集起来，构成了全球化的种种过程。在全球化进程的影响下，全球场的每一参照点在采取一种全球整体主义方法的同时，也在不断增强对自身特点的认识，形成自己的全球发展观。如果在全球场中以不关注另外三个参照点为代价，过分强调其中一个参照点，便会构成一种"原教旨主义"的形式。因而不能指望全球化从更多的方面推进的这种现实情况会消失。很显然，全球化自身并不是已经成型的结构，种种"不同的取向"、"不同的形象"等都在影响着它的过程，以至于其方向、结局以及因此导致的全球场本身的形态很大程度上仍然在"供人们竞购"。

尽管全球化过程存在某种一般意义上的自主性和"逻辑"，包含着走向世界统一性的不可抗拒的强大趋势，并且与这种全球性现象密切相关的关于世界是一个整体的意识在日益增强，但是，在不断强化的各种特殊主义的身份面前，全球文化系统不可能是单一化、同质化，而是多样性文化的共存与共生。罗伯森认为，随着全球化的推进，全球领域作为一个整体的统一性特征会日益明显，但是多样性仍在不同层次和领域中存在，并构成统一性的基础。之所以出现这种情况，主要的原因在于全球化进程为各种文明、各民族社会、各种组织以及个人提供了认识自我的机会，即在普遍的文化交往中使他们更真切地感受到了自己的独特性与差异性，从而加强了自我的身份意识。因此，

---

① ［美］罗兰·罗伯森. 全球化. 上海：上海人民出版社，2000. 88.

"多样性是全球化的一个基本方面",① 是当代全球状况的一个构成特征。换句话说，全球化不仅带来整体意识的加强，而且也张扬着民族文化的个性。正是在这个意义上，全球化是一个统一性与多样性并存的复杂样态。"全球资本主义既促进文化同质化，又促进文化异质化，而且既受到文化同质性制约，又受到文化异质性制约。差别和多样性的形成和巩固，是当代资本主义的一种本质要素。……因此，我们必须直接承认'现实世界'将全球与地方结合起来的尝试，前者是从当代生活的宏观方面的意义上说的，后者则是从二十世纪后期生活的微观方面的意义上理解的。"② 很显然，对于理解全球化的文化交往过程及其结果而言，同质性与异质性之间的关系、全球性与地方性的结合具有中心的意义。

对于同质性与异质性、全球性与地方性或普遍性与特殊性之间的关系的认识，罗伯森既与福山所代表的同质化或普遍主义理论不同，又与亨廷顿所代表的异质化或特殊主义理论不同，他试图超越普遍主义与特殊主义的对立，并在二者之间为全球化时代的文化交往问题求解。罗伯森在论述"普遍主义—特殊主义问题"时，开篇就引用了沃勒斯坦的一句话："现代世界的民族主义并非成功的往昔文明。它们是既想……同化为普遍……同时又想……固守特殊性即重新发明差异这种要求的模糊表达。确实，它是经由特殊主义到达的普遍主义和经由普遍主义到达的特殊主义。"③ 对此，罗伯森认为，"不同形式的集体和个人生活之间猛烈的断裂所产生的问题，在大多数情况下是拒绝作任何一般性的、'普遍化的'理解。"事实上，"不管个人认同和集体认同在多大范围内建构……但在任何一个特定时期和场所，都存在着'塑造'认同的主导方式，当然，它不是一致接受的方式。"但它却使我们从分析方面把握整体的世界成为可能、合乎需要，并且这种可能性和合乎需要达到如此程度，"以致在全球各地产生的社会文化兴趣或政治兴趣——包括认同表现——中，实际上一切都是可以解释的，或者说至少可以联系整个'世界体系'的动态作出说明"。④ 因此，"全球场是高度'多元主义的'，它表现为相当大的多样性，在其中，各文明、大陆、区域、社会和其他方面对全球—人类状况的种种定义大量出现，以及在没有直接联系全球情景的情况下形成的各种认同。

---

① ［美］罗兰·罗伯森. 全球化. 上海：上海人民出版社，2000. 247.
② ［美］罗兰·罗伯森. 全球化. 上海：上海人民出版社，2000. 249.
③ ［美］罗兰·罗伯森. 全球化. 上海：上海人民出版社，2000. 139.
④ ［美］罗兰·罗伯森. 全球化. 上海：上海人民出版社，2000. 142—143.

但是，充分发展的多元主义，将不得不以实现文化多样性这种价值观在全球的普遍化为轴心，不论这种多样性观念自身对世界体系和该体系中各单元是否带来好处；而且，多元主义还包含着某种共同全球文化的种种要素，通过这些要素，各种实体的多元性之间能够进行最低限度的沟通。"① 据此，罗伯森既对沃勒斯坦"经由特殊主义到达的普遍主义和经由普遍主义到达的特殊主义"作了注解，又成就了自己笔下"特殊主义的普遍化和普遍主义的特殊化"观点的要旨。可见，普遍性与特殊性、同质性与异质性是维系在一起的，彼此之间并非此消彼长的关系，而是互相渗透、相互整合，共同构筑一种普遍主义主题与特殊主义主题相统一的"全球网"，它"一方面是经验的普遍性和日益增多的对特殊性的预期；另一方面是普遍性的经验和日益增多的对普遍性的预期"，② 从而既批驳了只有"对特殊性预期"的原教旨主义，又批驳了只有"对普遍性预期"的西方中心主义。

既然普遍性与特殊性、同质性与异质性、全球性与地方性是分不开的、并进的与互相贯穿的，那么它们的结合与相互作用所呈现的全球文化就既不应该是"天下大同"的普遍性的同质文化，也不应该是"群雄逐鹿"的特殊性的异质文化，而应该是"和而不同"的处于不断"全球地方化"与"地方全球化"的混合的新文化。这是一种有别于现存任何文化形态的"第三文化"，它作为一种主动而富有宽容心的存在，或消极或积极地以全球人类状况为取向，在普遍性与特殊性之间搭建起沟通的桥梁。因此，全球化时代的文化交往应该被看作一种在普遍性与特殊性、同质性与异质性、全球性与地方性之间不断混合或整合的过程。

然而，罗伯森发现，对文化的混合或整合的寻求在目前总是与权力紧密相关，因而使得人们对全球化的文化交往的关注重点都放在了本土文化的问题上，现代的怀乡范式、寻求原教旨等无不是对本土文化在交往关系中所处地位关注的结果。这样的结果所导致的特殊性之间的尖锐矛盾使得罗伯森的理论略显苍白。"我们只知道要怎么做，却不知道如何去做——罗伯森的文化理论无不给人这样一种感觉。"③ 所以，尽管在理论层面上罗伯森把全球化看作是人类各种文化交往、文明发展所要达到的目标与未来文明

---

① ［美］罗兰·罗伯森. 全球化. 上海：上海人民出版社，2000. 101.
② ［美］罗兰·罗伯森. 全球化. 上海：上海人民出版社，2000. 146—147.
③ 郁建兴. 全球化：一个批判性考察. 杭州：浙江大学出版社，2003. 71.

的存在状态，并试图提供一种非常长期的全球化的历史形象，为文化混合化奠定理论的基础，但在实践层面上的困惑却使其不足以化解现实存在的文化冲突，从而喻示着同质化抑或异质化在当前文化交往中所具有的话语权。即便如此，普遍主义与特殊主义的结合毕竟为通向未来文化之路的寻求指明了方向。

简短评述

全球文化是多元并存的，具有民族特色的各地方文化都是立足于本土立场来推进文明的发展，并在彼此之间的相互作用中来推进世界历史的进程。"历史是这样创造的：最终的结果总是从许多单个的意志的相互冲突中产生出来的，而其中每一个意志，又是由于许多特殊的生活条件，才成为它所成为的那样。这样就有无数互相交错的力量，有无数个力的平行四边形，由此就产生出一个合力，即历史结果，而这个结果又可以看作一个作为整体的、不自觉和不自主地起着作用的力量的产物。"因为任何一种文化在发展过程中都会受到任何另外的文化的影响，而最后出现的结果就是谁都没有希望过的事物。所以到目前为止的历史总是像一种自然过程一样地进行，而且实质上也是服从于同一运动规律的。但是，各文化主体的意志——其中的每一个都希望得到他所向往的东西——虽然都达不到自己的愿望，而是融合为一个总的平均数，一个总的合力，然而从这一事实中决不应作出结论说，这些意志等于零。相反地，每个意志都对合力有所贡献，因而是包括在这个合力里面的。①

因此，在全球化的文化交往中，用一种文化去"统一世界"或者为了寻求"本真性"而逃离"历史合力"的企图无疑是徒劳。各种文化混合而推动人类文化发展是全球文化发展的新方向，是存在于文化交往中的一种趋势，对于全球化的始作俑者来说，这恐怕是始料未及的。从全球化的推进过程来看，越来越多的事实表明，地方文化始终是文化认同的基本依托。当然，文本是多义的，在互文性中的全球地方化始终是文化交往的关键环节。一方面，在较普遍的层次和一定的范围内，全球化造成了一个结果——文化的民族性正在迅速地消逝，基于多样性和差异性的多元文化正受到全球趋同性的威胁。

---

① 马克思恩格斯选集，第 2 版. 北京：人民出版社，1995，4：697.

另一方面，在全球趋同的过程中，从地方的观点去讲述它，以不同的方式去瓦解、革新、混杂、融合和改变它，使全球性不得不带有本土特征而成为一种典型的杂交品种。在地方与全球这两者的发展中，地方性并未湮没在全球的领域，它在本土之内破碎，又在超越本土之外统一，成为既与"全球性"又与本土传统非同一的他物。由此看来，不管人们赞同与否，文化的全盘接受与闭关自守都不可能是一个社会历史或文化上的事实。因此，全球化的文化交往既不可能是对人类文化的差异性和多样性的平整，也不可能是对人类文化的差异性和多样性的割据。

在文化交往中，文化混合始终是一个持续的过程。交往中的各地方文化虽说是"放眼全球"，但其基本的参照系却始终是"扎根本土"，因而全球性必须在地方情境下生产，否则它将始终处于文化的表层而备受批判、排斥与挑战而成为文化冲突的导火线。如果地方文化自觉采借与融合与之交往的他文化，那么就既会促进普遍性文化价值的形成与发展，又会减少文化之间的异质性而使地方文化本身更具本土特色。这样一来，旧的文化边界还没有完全消逝，而新的边界又在兴起之中了，从而每一种文化的边界都处于变动之中，不断地被定义和重新定义，人类的文化认同由此而不断地被赋予新的意义。可以这样说，一个曾经一度被认为是外来的东西一旦被融合进地方文化，就会被认为是本土的，因此，全球地方化代表的是一种文化移转，即为了自身的需要而改造另一种文化的过程，① 从而文化根据时代的需要而不断地被重构与更新。当然，这其中也会有文化冲突，但由于彼此之间都不是以消灭对方为目的，因而通过冲突能够化解它们之间的对立、排斥与否定而走向融合。文化发展就这样不断地在外来文化与地方文化的混合杂交中达成。值得注意的是，只要在文化交往中，任何文化都可能会随着文化移转和文化混合而演变，但它基本的文化价值取向、文化基因仍然是相当稳定的，因而文化边界可以在文化混合中模糊，但不可能消失。按照这一理路，文化交往所呈现的混合化事实上是一种同义反复，是一种"混合文化的混合化"（皮特斯语）。可以这样说，世界文化不是别的什么，而就是各种保存了各自独特性的文化在世界范围内的混合。正如皮特斯所说，"集体经验的万花筒一转动，确

---

① Chan, Joseph. Disneyfying and Globalizing a Chinese Legend HuaMulan: A Study of Transculturation. In Joseph Chan and Bryce McIntyre (eds.). In Search of Boundaries: Communication, Nation-State and Cultural Identities. Westport, CT: Ablex, 2002. 1.

定性就变成了碎片。"①

　　然而，文化混合化的概念并没有在现实的文化交往中被明确意识到，从而还未真正地进入到自为的实践层面上，因而对于同质化和异质化实际上是共生的、一体两面的自在事实往往在现实文化交往的利益驱动中被置若罔闻，使得目前的文化交往在同质性与异质性、全球性与地方性或普遍性与特殊性之间的关系上异常紧张，遭遇到现实中最大的一个难题——文化冲突。"9·11"事件的发生，既使文化普世化的梦想功亏一篑，也使寻求"本真性"的道路越走越窄。文化交往何以展开？"和而不同"是可以为人类文化交往提供有益借鉴的。

---

① ［荷］让·内德文·皮特斯. 作为杂合的全球化. 梁展编. 全球化话语. 上海：上海三联书店，2002.
113.

第四章　文化冲突——文化交往的现实难题

在世界日益压缩的全球化时代，普遍的文化交往把所有的地方文化都紧密地联系在一起，导致了历史上空前激烈和异常深刻的文化碰撞，文化同质与文化异质之间的冲突是自然的事情，是文化混合与建构的必要环节。洛克曾说："没有思想的交流，社会的舒适和好处是无法得到的。"① 在这个意义上，普遍的文化交往应该是普世的福音。然而，在当下的文化交往中，文化交往的步伐大多在文化冲突这一环节上戛然而止，凸现出一个悖论：文化交往越密切，文化冲突越剧烈，不同的民族文化、地方文化越处于对立的境地，文化交流就越难以达到，社会的舒适与好处越难以分享，以至于文化的发展、社会的进步都受到阻碍。文化冲突作为现实文化交往中的一大难题被凸现出来。

一、什么是文化冲突

（一）全球文化交往格局中"文化冲突"的含义

在讨论全球文化交往中的文化冲突问题之前，我们有必要先廓清文化冲突概念的基本含义。英文的"冲突"一词是"conflict"，意为"公开的长期的战斗、战争"、"不同的思想、观念的矛盾"等。从词源上看，其中"con"为拉丁语词根，含义为"一起"；"flict"是拉丁语"fligere"派生出来的，含义为"冲撞"，两者合起来，即"一起斗争"的意思，是两种力量或两种体制的

---

① 洛克. 人类理解论（1690）. 转引自 [美] 彼得斯. 交流的无奈——传播思想史（附录）. 北京：华夏出版社，2003. 257.

互相冲撞。① 现代汉语词典对"冲突"所作的解释是"矛盾表面化、发生激烈争斗"、"互相矛盾、不协调"。② 从中西方语言体系对"冲突"的解释可见，"冲突"的字面含义是指两种不同事物之间外显的矛盾、不协调与斗争。在国际关系理论中，美国学者詹姆斯·多尔蒂、小罗伯特·普法尔茨格拉夫认为，"冲突一词指的是这样一种情形：某一可以确认的人群（不论是部落、人种、语言、文化、宗教、社会经济、政治或其他群体）有意识地反对一个或几个可以确认的人群，原因是他们各自在谋求不同的或看起来不同的目标。"③ 日本国际关系学者星野昭吉认为，"冲突是不同的团体追求互不兼容的目标，就是说，它们之间社会价值互不相容时所处的状态。"④ 在这里，冲突体现的是群体与群体之间的相互作用，是群体之间在价值追求上的相异所导致的一种紧张状态，有时是公开的对抗与相互打击。

从上述关于冲突的理解中，我们对文化交往格局中的文化冲突可以作出这样的理解：文化冲突不是指生活在不同文化中的人们在交往中面对异质文化时所表现出来的"文化疲惫"⑤ 的心理不适应状态，而是指在文化交往中，主要由于位居文化体系核心地位的世界观、人生观、价值观等意义指向层面上的差异所导致的不同文化之间的相互对立、相互排斥、相互否定，表现为争夺文化空间的占有权而展开的竞争甚至是斗争。肯尼思·玻尔丁认为，文化冲突"可以定义为一种竞争状态，在这种状态中，各方都意识到未来地位的潜在矛盾，都希望占据与其他集团的愿望互不相容的位置"。⑥ 这里的"文化空间"、"位置"，指的不是几何学的虚空，就其成熟形式来说，是一个文化群体生命存在的区域，包括该群体长期从事实践活动的自然条件以及在长期实践中形成的与他文化群体相区别的不同特性，即体现自身安身立命之根本的各种文化建构：知识、制度、体制、风俗、信仰、语言、价值观念等。因而争夺文化空间的占有权或占据一定的位置，实际上是争夺自然资源与文化

---

① 美国传统辞典. 金山词霸，2002.
② 现代汉语词典. 修订第 3 版. 北京：商务印书馆，1996. 173.
③ ［美］詹姆斯·多尔蒂，小罗伯特·普法尔茨格拉夫. 争论中的国际关系理论. 北京：世界知识出版社，2002. 200.
④ ［日］星野昭吉. 变动中的世界政治. 刘小林译. 北京：新华出版社，1999. 451.
⑤ "文化疲惫"即 culture fatigue，包括 self-discovery、shock、role shock、transition shock 四种人们在异质文化环境中表现出来的心理状态。参见 H. Ned Seelye, Alan, Seelye-James. Culture clash. Lincolnwood, Illinois USA，1995. 4.
⑥ 转引自种海峰. 时代性与民族性——全球交往格局中的文化冲突问题研究. 北京：中国社会科学出版社，2011. 33—34.

财富的拥有权。①

这里需要强调的是，文化冲突描述的不是某一文化体系内部各部分之间的对立、排斥或否定，也不是某一新产生的文化特质与原有文化体系的关系，而是代表着完全不同的文化精神的两种或更多的文化体系之间的关系。以冲突来表现不同文化体系之间的关系，并没有否定它们之间相互吸收与融合的可能性。在一般情况下，在性质不同的两种文化相遇的初期，往往是冲突大于融合。这意味着，异质文化交往一开始就有的一种文化间的必然性不是融合，而是冲突，但冲突的最终结果却并非是一种文化吃掉另一种文化，而是双方都不同程度地改变了自身的原貌，抑或一种文化精神逐渐被超越而为新的文化精神所取代。可以说，文化冲突揭示的是文化交往过程中的断裂状态，表现了交往中的文化在应对冲击与挑战时的自觉程度。因此，对于任何文化来说，文化冲突可谓是至关重要的大事。

（二）传统文化与新型文化

一般情况下，文化冲突总是以传统文化与新型文化的冲突（即落后文化与先进文化的冲突）、外来文化与本土文化的冲突这两种最基本的形式来呈现。这两种形式的文化冲突之间不是截然分开的，它们彼此之间相互关联，传统文化与新文化的冲突影响着本土文化对外来文化的态度和立场，同时外来文化与本土文化的冲突影响着传统文化与新文化冲突中的力量对比。在某些情况下，传统文化与新文化的冲突就是本土文化与外来文化的冲突。在不同文化力量的交互作用中，新的文化形式得以产生。

传统文化是与新文化相对而言的，在特定的背景下有特定的含义。根据与文化相联系的生产方式，所谓的传统文化，即落后文化，是指建立在相对落后的生产方式基础之上的文化形式。与传统文化相联系的生产方式落后于与新文化相联系的生产方式。所谓的新文化，即先进文化，是指建立在相对先进的生产方式基础之上的文化形式。与新文化相联系的生产方式领先于与传统文化相联系的生产方式。在这个意义上，传统文化与新文化之间的冲突具有不可调和的性质。从历史发展的过程来看，任何文化形式都必然经历从先进文化到落后文化的发展过程，都既是新文化又是传统文化。无论文化形

---

① 李鹏程. 当代文化哲学沉思. 北京：人民出版社，1994. 459.

式被时代赋予新文化还是传统文化的含义，它都必然要和与之相对应的传统文化或新文化展开激烈的斗争。

　　从传统文化来说，它总是企图设置种种障碍以阻止新文化的形成与发展，有时甚至以超出通常情况下的影响力来与新文化作最后的抗衡。传统文化通过对个人的束缚来维护其存在的合法性。每个人都要接受一定社会的文化传统的滋养，这是不可否认的客观现实。一定社会的文化总是一定历史阶段上的人们在自己的历史活动中创造的，是该社会历史时期人们的精神依归，能够为人的存在与发展提供安身立命的价值支撑。"在文化传统与社会生活保持一致的时候，文化传统成为个人发展的重要条件，而当文化传统不能适应现代生活的时候，文化传统一变而为个人发展的阻碍力量。"① 在这种情况下，要人们亲手放弃自己长期以来所归依的精神家园，摧毁长期安顿自己灵魂的文化传统，从人的感情上来说，是会感到难过的。于是人们总是以传统作为标准，赋予传统文化某种不言而喻的美好与肯定，以一种向后思考的框架来对现实中的一切进行评判与对比，从而在精神世界中建构起永不褪色的传统记忆，抵御新生文化力量的冲击，展开传统文化与新文化的对抗。如果对抗采用政治甚至暴力的手段来进行，那么传统文化与新文化之间的冲突就会演变成为政治斗争以至于残酷的战争。

　　传统文化通过装扮自身而为自己寻找存在的根据。面对新文化的冲击，传统文化通常以两种方式进行装扮，一是复古的方式。任何新的文化形式都孕育、脱胎于传统文化的母腹中，在一定程度上，新的文化形式对传统文化因子都会有所保留。这意味着传统文化并非一无是处，它的许多文化因子仍有存在的价值。然而，正是这种发展的连续性给了复古主义可趁之机，尤其是在新文化的产生、发展阶段上，复古主义往往利用新文化表现出来的不足之处，抓住新文化中所吸纳的传统文化因子，大肆宣扬传统文化的价值，引导人们在文化转型的过程中再次选择传统文化作为精神依托，从而为传统文化寻求存在的合法性，增加新文化产生与发展的难度。二是新时代的方式。在新文化日益确立主导地位的情况下，遗留下来的传统文化虽然在构成、领域、层面以及要素上不具有新时代精神的特征，但它会借用新时代的印记，旧瓶装新酒，以"新事物"的幌子与新文化进行斗争。如反动的封建社会主

---

① 兰久富. 社会转型期的价值观念. 北京：北京师范大学出版社，1999. 256.

义在资本主义社会中并不是以封建贵族利益代表的面目出现，而是装扮成关心无产阶级的样子，拉起无产者的乞食袋作旗帜，"有时也能用辛辣、俏皮而尖刻的评论刺中资产阶级的心"，但是，"每当人民跟着他们走的时候，都发现他们的臀部带有旧的封建纹章"。① 人们不会轻易放弃已经获得了的东西。因而，传统文化对新文化产生与发展的极力阻挠，使传统文化与新文化之间的冲突不可避免。

从新文化来说，其产生与发展不会因为传统文化千方百计的阻挠而停止，它总是会不断地冲击传统文化的主导地位，消解其存在的合法性，为自身的存在与发展开辟道路，创造条件。新文化在与传统文化的斗争中，全面反思传统文化，无情地批判其陈旧与落后的部分，这是打击传统的一种强有力的手段。因为只有经过批判，传统文化落后于时代的本质才会暴露出来，其主导地位才会受到质疑，新文化才会获得发展的空间与机遇。人类文化要想得到真正的发展，就要不断超越自身，就要建立在对传统的不断破除之上。在我国社会主义文化的建构过程中，毛泽东同志非常重视对传统文化的批判与破除，他认为对待传统文化"既不是一概排斥，也不是盲目搬用，而是批判地接受它"。② 传统文化作为横亘在新文化发展道路上的一道屏障，是注定要被批判与破除的。但是，这种批判与破除并不是彻底的抛弃传统文化，而是对它有所批判，又有所吸取，发前人所未发，想前人所未想，实现文化的创新发展。如果盲目膜拜传统文化，认为一切新文化都蕴含在传统文化之中，传统文化足以应付任何时代的变迁，那么所谓的"新文化"显现的将是驴唇马嘴的滑稽；如果全盘摒弃传统文化，认为历史是一片黑暗，现实的弊端与邪恶都根源于传统，那么"新文化"就是无源之水，无本之木。因此，对待传统文化的最好办法是让它在与新文化的斗争中接受时代的洗礼，在批判中不断创新发展。

任何新文化在批判旧文化传统的基础上，还必须不断地冲击传统文化，以便彻底动摇传统文化的主导地位。传统文化与新文化表征的是两种根本不同性质的文化精神，因而新文化对传统文化最有力、最强烈的冲击是确立新文化的文化精神，使新的文化价值观念得到人们的广泛认同。然而，"一切已

---

① 马克思恩格斯选集. 第 2 版. 北京：人民出版社，1995，1：295—296.
② 毛泽东选集. 北京：人民出版社，1967 横排袖珍本（一卷本）. 984.

死的先辈们的传统，像梦魇一样纠缠着活人的头脑"，① 这使新的文化价值观念的确立必须经历一场艰苦卓绝的斗争。如社会主义文化从一开始就在与资本主义文化的斗争中对其展开批判，质疑其合理性，动摇其主导地位。然而，在冲突与斗争中，资本主义文化始终纠缠着人们的头脑，并吸纳了社会主义文化的先进因素，进行自我改良，在科技进步与全球化浪潮的推动下活跃起来，与发展中的社会主义文化争夺"文化领导权"。这表明，旧文化是不甘示弱的，它总是会利用一切可能的条件与新文化进行斗争，阻挠、压制新文化。但是，作为新生事物，新文化的历史地位决定了它发展的必然趋势。伴随着新文化的日益强大，传统文化在新文化的冲击下，终将逐渐转变为一种次要的存在，新文化的主导地位终将得以确立。因此，在争夺"文化领导权"、赢取价值共识的过程中，新文化与传统文化之间的文化冲突是不可避免的。

（三）本土文化与外来文化

在全球化时代，文化交往日益密切，时空上并存的不同文化体系在文化交往中都坚持着自我的独立性，试图用自己的文化观念与文化模式同化对方，同时千方百计地抵制他文化的渗透与入侵，结果形成了本土文化与外来文化的僵持、对峙和正面交锋。从目前被全面地、平面化地展现出来的文化交往状况以及笔者的立场与视界来看，本土文化与外来文化的冲突集中表现为非西方文化与西方文化的冲突。这种冲突在一定意义上也是传统文化与现代性新文化的冲突。因为交往的扩大使得现代性文化可以通过开放引进而不是从传统文化中自主生成。因此，如何把外来的新文化移植嫁接并超越于本土传统文化成为文化交往过程中的大问题。众所周知，自近代以来，西方文明对世界历史产生了重大的影响，不仅在经济上开拓了世界市场、实现了经济一体化，而且西方现代性文化在强大的经济、科技实力的支撑下，能够不断地向非西方文化渗透，侵蚀非西方文化的生存空间，威胁非西方文化的独立存在。非西方世界为应对挑战，不得不推进由传统向现代的转型。这种历史的错位给非西方世界在现代转型过程中带来了传统与现代、本土与外来各种文化精神相互交织、相互冲突、众声喧哗的文化景观。

从本土文化来说，本土的传统文化作为一个维系共同体长期存在的"精

---

① 马克思恩格斯选集. 第 2 版. 北京：人民出版社，1995，1：585.

神"与"灵魂",在文化交往中以保卫自身的文化空间、维护自身的完整性、肯定自身的价值取向为己任,并以自身的价值取向作为根本的出发点来评判与审视外来文化,首先形成的是一种防御外来文化、抵挡外来文化、批判外来文化的基本态度。这种态度在文化交往中是不可避免的。文化自诞生之日就具有鲜明的民族性。文化的民族性意味着该文化是某一特定共同体全体成员所共有的主体性存在方式,是该共同体中的每一个体归属于这个群体而与其他群体相区别的特殊"身份证"与心理依托,具有定义该共同体成员生存意义的权力。即使在不同的历史时代文化具有不同的内容与表现方式,但其基本的文化精神仍然具有与共同体同生死共存亡的超时代性。文化民族性的这种超时代性,根源于文化从形成之日起就自带的一层天然的"保护膜",即能够造成独立、维护定型的文化隔离机制。文化隔离机制作为确定归属的标识,虽然是非限定性的,但是它却使得任何外来文化的渗入都必然引起人们对自己文化身份的紧张与精神恐慌,甚至导致文化的冲突。正如人类学家莱维-斯特劳斯所说,"每一个文化都是与其他文化交流以自养,但它应当在交流中加以某种抵抗。如果没有这种抵抗,那么很快它就不再有任何属于它自己的东西去交流。"①

在文化交往广泛且深入的全球化时代,外来文化因子的大量渗入,抵抗外来文化的斗争更激烈了。科学技术的进步、以时间消灭空间的全球通讯网络的建立,本土传统文化在极其短暂的时间内和外来文化发生猛烈的碰撞,本土文化的既有方式受到威胁,从文化内部迸发出显然是针对外来者的强大反作用力,本土文化与外来文化的对立在所难免。在全球化极速推进的最近几十年间,市场机制以摧枯拉朽之势快速世界化,荡涤着本土传统文化中那些与市场机制相矛盾、相冲突的文化因子。然而,这些文化因子在相当长的时间里,一直是人们生存的定位标准和依据,因而当它们日益被消解而处于"变幻不定"状态时,人们"往往借助于简单而错误的'权术理论',将所有出现的问题都归咎于'外界因素'——外来者","外族文化无疑成为危险的代名词,是一种威胁的象征"。② 本来,本土传统文化应该在与外来文化的冲突和挑战中进行借鉴与补充,实现创新性发展。但是在全球化进程中,非西方世界不仅在文化上面临着严峻的挑战,而且在政治上、经济上也承受着来

---

① 转引自河清. 破解进步论. 昆明:云南人民出版社,2004. 代序.
② 〔德〕哈拉尔德·米勒. 文明的共存. 北京:新华出版社,2002. 66.

自西方世界的巨大的压力，内忧外患，困难重重。在这种情况下，将"外来者"视为洪水猛兽的抵抗斗争是最简单、最直接的解决困难的方式，但却是最容易走向极端化。极端的民族主义、原教旨主义都是在与外来文化的交往中迫于各种压力而形成的逃避困难、加强隔离以维护本土传统文化的做法。这种封闭自己、拒绝交往的做法与对传统文化盲目膜拜的蒙昧主义一样，不仅不能减缓冲突，达到维护本土文化的目的，反而置本土文化于封闭、停滞甚至是灭亡的境地。除此之外，在文化冲突中不能坚持正常的隔离机制而抛弃本土传统文化的虚无主义同样是一种幼稚的文化交往关系意识。因此，从发展本土文化的角度来说，必须正视本土文化与外来文化的冲突，以积极的态度展开与外来文化的对抗，在对抗中寻求发展自身文化形式的资源，振奋自身的文化精神，在对抗中不断创新发展。

从外来文化来说，外来文化进入本土文化，首先体现的是一种对文化多样性的肯定。然而，外来文化作为主动渗入本土文化的文化形式，往往把自身文化形式中某一方面的优越性加以夸大，并以之为普遍的共同的东西去瓦解本土文化的特殊性，即自居于普世性文化的位置，目空一切，唯我独尊，从自身的价值尺度出发来衡量本土文化传统，蔑视本土文化的存在，并随意把自身的文化意识强加于本土文化，侵占本土文化的存在空间，消解本土文化的存在方式，以此换取由自身文化控制的高度同质化的世界。这种外来文化的交往方式，是不可避免地要形成尖锐的文化对立的。在近代以来的历史发展过程中，西方世界由于较早实现了现代化，在经济上领先于非西方世界，在政治上具有完备的民主形态，在文化上形成了比较系统的现代性文化。因而对于非西方世界来说，西方的现代化力量是一种历史上无与伦比的外来影响力。"在所有的文明之中，唯独西方文明对其他文明产生过重大的、有时是压倒一切的影响。"[①] "强大的社会是普世的；弱小的社会是狭隘的。"[②] 在这个意义上，普世主义无疑是西方现代性文化的重要特征。由此，在世界范围内，西方现代性文化成为评判他文化发展与否的唯一标准。保罗·哈里森在《第三世界》中提出的"比照集团行为"的理论模式认为，西方现代性文化凭借强大的经济优势，成为当今世界第三世界国家文化发展的比照集团，成为它们的模仿对象与发展的标准和尺度。这种情形的不断强化，就不断地赋予

---

① ［美］塞缪尔·亨廷顿. 文明的冲突与世界秩序的重建. 第3版. 北京：新华出版社，2002. 199.
② ［美］塞缪尔·亨廷顿. 文明的冲突与世界秩序的重建. 第3版. 北京：新华出版社，2002. 110.

西方现代性文化作为世界文化的话语权，从而在文化交往中，西方现代性文化恣意地贬低、破坏本土文化的发展。如"在奴隶买卖发展之前，人们多多少少是以一种中性的或者宽厚的态度来感知非洲人的；然而一旦三角贸易建立起来之后，非洲人就被重新突出表现为邪恶和野蛮的缩影。欧洲人利用殖民地资源（包括土著人，欧洲人把他们看作役畜）的欲望强烈地破坏了土著社会。通过具体的政策措施，这里只提几条，如人口迁移，任意划分边界，强制生产，欧洲殖民主义都加速了对当地法律和文化体系的破坏，并且最终达到对非欧洲文化的否定。"① 这种否定使本土文化承受着被人宰制的痛楚与失落。本土文化若奋起抗争，必然激起本土文化与外来文化之间的冲突。当然，这种冲突未必是战争的形式，但冲突的性质却是不可调和的。

事实上，文化是交往中的文化，没有文化不交往，任何文化进入他文化空间都是无可指责的。文化作为一个开放的系统，导源于人类实践永无止境的创造和人对自身发展与自由的不懈追求，然而文化自产生之日起却又被深深地打上了民族、地域、时代的烙印，这样一个悖论使得任何有生命力的文化都会不可遏制地与他文化进行交往，传播具有自身特色的文化，采借他民族的优秀文化，以便在轰轰烈烈的文化冲突中走向新生。这是人类历史上从未间断过的文化交往的实际过程，只不过在前现代社会不及现代社会如此广泛与深远罢了。如此说来，在现代化所导致的文化变革中，西方以外的地区如果说不受西方现代性文化的影响，那将是不可能的。然而，问题在于，当西方现代性文化作为强势文化进入本土文化的生存空间时，往往把"传播"变成"强加"、"采借"变成"掠夺"，强行为本土文化进行选择。这种选择作为文化发展史上的"恶"在特定历史情形下也许会成为推进文化发展与文明进步的杠杆，但是，强制本土文化改变自身的越俎代庖的做法最终只能招致本土文化的激烈反抗，甚至演变为民族之间的冲突与战争，其结果是外来文化把自己播下的种子变成了对准自己的武器，使冲突双方的文化都遭到更为巨大的破坏。因此，对外来文化来说，只有在彼此平等与相互尊重的基础上进入本土文化，实现文化间的互为参照，才能使自身文化中包含的普遍性文化因子真正地全球化。否则，外来文化也许就是自己"在愚蠢地和荒谬地玩

---

① ［美］阿布都·R·简·默哈默德. 殖民主义文学中的种族差异的作用. 张京媛主编. 后殖民理论与文化批评. 北京：北京大学出版社，1999. 194—195.

弄自己的生存机会"。①

二、全球文化交往格局中文化冲突的原因

卡西尔说："认识自我乃是哲学探究的最高目标——这看来是众所公认的。在各种不同哲学流派之间的一切争论中，这个目标始终未被改变和动摇过：它已被证明是阿基米德点，是一切思潮的牢固而不可动摇的中心。"② 在文化碰撞与冲突如此激烈的全球化时代，将文化冲突置于探索文化交往的中心地位，从这一现存的困境出发去追根溯源，应该说，这是现代社会的人们寻求对自身主体性确证的一种方式，是恰如其分地理解自身的主体性的阿基米德点。

（一）文化价值观的差异

世界上没有完全相同的两件事物，不同文化之间具有差异性，这是不可否认的事实。但是，差异并不一定构成冲突，差异只是"没有激化的矛盾"，③只有当具有差异的事物进入到一定的关系中时才有可能激化矛盾而引发冲突。这意味着，不同文化只有在交往的实践中，才有可能产生文化冲突。然而，在文化交往的过程中，不同文化之间的差异是全方位的，也是异常复杂的，既多种多样又涉及方方面面，以至于无法用任何确定的标准将其尽揽其中。交往过程中的多极文化主体在面对彼此之间如此众多的差异时，每一个差异都有可能成为文化冲突的原因。但是，在可能造成文化冲突的众多差异中，却只有不同文化之间最本质的差异——文化价值观的差异才会促使文化冲突变得不可调和。可以说，文化价值观是文化交往实践中的主要"冲突地带"。在全球化这一历史的横截面上，文化交往是如此的深入，这正是为什么要从文化价值观的层面上来解析文化冲突的基本原因。

文化价值观主要体现的是一个共同体（主要是民族共同体）的文化精神，是该共同体成员在长期的社会实践中积淀而形成的稳定的、持久的对宇宙、

---

① ［美］E•R•塞维斯. 文化进化论. 北京：华夏出版社，1991. 51.
② ［德］恩斯特•卡西尔. 人论. 第 2 版. 北京：西苑出版社，2004. 3.
③ 辞海（哲学分册）. 上海：上海辞书出版社，1980. 74.

社会与自我的总体性看法，从根本上说，是对该共同体成员的生命存在和意义的根本态度。任何文化都有自己独特的对人的生命存在和意义的根本态度，这是每一个文化体系的核心与灵魂，是文化之间得以区别开来的内在依据和标志。在同一个文化体系中，文化的各要素之间、文化的各种表现形式之间不论看起来有多么大的差异，实际上都有一种文化精神、一定的文化价值观念贯穿其中，它们之间有一种统一的必然联系。菲利普·巴格比认为，"正是观念和价值，为文化间的差异提供了基础。就是在观念和价值的领域中，我们于地方共同体群的文化里发现了最广泛的同一性，于不同群体的文化间发现了最尖锐的差异性，恰恰因为不同文化规则体之间最尖锐的差异在社会结合这一层面上发生，所以我们就在这一层面上来分辨文化实体。"① 对于一个文化体系来说，文化价值观就好像决定物种进化演变的基因一样，决定着自身文化的发展路向及其形态。哪怕在文化交往中受到他文化的影响而生发新的文化因子也不会轻易地超出文化价值观念体系所允许的范围。这正是有些文化在大量吸收他文化因子之后反而变得更具个性与特色的原因所在。在这个意义上，全球化进程中普遍建立的文化交往为人类多样性文化的发展提供了难得的机遇。

然而，文化价值观是每个文化体系的"禁区"，任何外来文化的触角只要进入这个领域，就会引起强烈的反响。在深入的文化交往不同文化之间的每一次相遇都直面彼此文化价值观的差异，文化冲突一触即发。文化价值观念的差异何以引起如此紧张的交往关系甚至是激烈的文化冲突呢？究其原因，在于不同的文化价值观念蕴含着的不同的深刻内涵。

首先，文化价值观体现的是文化主体（即民族共同体）的民族性格。民族性格是民族共同体共同的心理素质，产生于民族成员在共同地域与自然之间所发生的相互作用的关系中，体现的是特定共同体对塑造特定文化价值体系所具有的"基因"效应。黑格尔认为，"这地方的自然类型和生长在这土地上的人民的类型和性格有着密切的联系。"② 如中华民族传统文化的主体部分发育、成长于以河谷为主体的地貌结构中。这样的地理环境造就了中华民族不同于海洋民族（如古希腊、罗马人）、也不同于游牧民族（如古代阿拉伯人）的参天地、赞化育的平和、从容、达观的民族性格取向。作为西方文化

---

① ［美］菲利普·巴格比. 文化：历史的投影. 上海：上海人民出版社，1987. 131.
② ［德］黑格尔. 历史哲学. 上海：世纪出版集团，上海书店出版社，2001. 82.

摇篮地的古希腊，濒临宽阔的爱奥尼亚海洋，大海的汹涌澎湃与风和日丽塑成了希腊人那种理性、成熟、开放的性格气质，进而表现为一种清晰、庄重、理性、在有限之中体现和谐的"阿波罗精神"。在这里，共同体与自然之间的相互关系对文化价值观的形成的重大意义仅在于文化价值观的产生这一关口上。当民族性格特征在长期的实践活动中积淀、成型并形成一定的民族精神而千年一脉地传承下去时，共同体与自然之间的关系对文化价值观念的意义越来越不明显。到了今天的全球化时代，共同地域的概念已经变得含混不清，共同体与自然之间的关系对于文化价值观念生成的影响已是微乎其微，反而经过几千年风雨磨砺而传承下来的不同民族性格及民族精神对这一关系有着深远的影响。

其次，在不同民族性格的基础之上，不同文化价值观深刻影响着不同文化主体对社会发展道路的选择。人是在与自然的关系中认识世界的，"世界是什么样"与"人们需要的世界是什么样"是人们实践的两个基本原则，包括人们对与自身生存相关的现实生活状态的认同，以及在认同前提下对现实生活状态的一种超越，指向人们心中的理想世界。很显然，在共同体生产实践活动中对"世界是什么样"的认识规定着人们活动的大致方向。如在河谷平原的摇篮中孕育的中华民族在跨入文明时代时选择了一条不同于海洋民族与游牧民族的发展道路，即"以农业经济作为建设文明的基点，最终演进为一种高度发达、极端成熟的以农为本的文化形态"。[①] 这种社会发展道路自然而然地把"男耕女织"作为现实生活的理想追求，并期望达至"采菊东篱下，悠然见南山"与"开轩面场圃，把酒话桑麻"的审美境界。然而，当这种世外桃源般的田园式的封闭型社会发展道路遭遇到开放的现代性社会发展道路的冲击时，它们之间的冲突就在所难免了。社会发展道路上所体现的这种文化冲突在相对封闭的前现代社会中并不十分明显，但是，在现代社会中，日益压缩的世界使得它日渐凸显为最主要的冲突之一。如社会主义国家与资本主义国家之间、伊斯兰国家与非伊斯兰国家之间的矛盾与冲突在一定程度上可以说是因选择了不同的社会发展道路所致，因为每一个文化主体在通向未来的道路上通常都把自己的选择看作是最符合人的需要从而也是最正确的。

再次，不同的文化价值观体现着不同民族共同体相异的进步观以及不同

---

① 陈伯海. 中国文化之路. 上海：上海文艺出版社，1992. 17.

民族共同体追寻自由的不同方式。进步观是文化主体对未来的一种构想与展望，在时间特性上是指向未来的。但是，这种构想与展望的活动场所和作用对象却是当下的现实的社会生活，因为共同体成员共同建构与认同的进步观具有规范现实的社会生活以便在社会生活中现实化的力量。进步观作为文化主体所拥有的社会理想与价值追求，在空间特性上具有普遍性。但是，这种社会理想与价值追求在不同的文化体系中对人与自然、人与人及人与自身关系的处理却是大异其趣。有的文化体系把进步的准则定位于功用的价值上，侧重于人对自然征服与利用的不断突破，而有的文化体系把进步的准则定位于超功利的非工具化层面上，侧重于对人与人、人与自身关系的不断完善。如中国传统社会主要奉行儒家文化体系的"重义轻利"，特别注重在人与人及人与自身关系上的突破，崇尚"修身"以"成仁"，追求"淡泊明志，宁静致远"，以至于"饿死事小，失节事大"的禁欲主义大行其道。当这种以"修身"、"齐家"、"治国平天下"的进步观遭遇到崇尚技术理性、以征服自然来体现进步的文化观念时，展开了一场殊死的搏斗。虽然"修齐治平"的进步观土崩瓦解了，但崇尚技术理性、以征服自然来体现进步的文化观也并未取得最终的胜利。就侧重于征服自然的工业文明的进步观而言，其根本的标志是实现人对自然的全面统治，使人在自然面前获得较大的自由和比较彻底的解放。但是，"工业社会最发达的地区始终如一地表现出两个特点：一是使技术合理性完善化的趋势，一是在已确立的制度内加紧遏制这一趋势的种种努力。发达工业文明的内在矛盾正在于此：其不合理成分存在于其合理性之中。这就是它的各种成就的标志。掌握了科学和技术的工业社会之所以组织起来，是为了更有效地统治人和自然，是为了更有效地利用其资源。当这些成功的努力打开了人类实现的新向度时，它就变得不合理了。"① 这种不合理性就是对人与人及人与自身关系的忽视。弗罗姆认为，工业文明给人在自然面前带来较大程度的自由，但与这种自由相伴随的却是巨大的不自由，因为资本控制人们的生活与命运，人成为征服与统治自然的工具。所以，尽管人在自然面前自由了，"但这也意味着：他是孤独的，他被隔离了，他受到了来自各方面的威胁，他没有文艺复兴时代资本家所拥有的财富和权力，也已失去了与人及宇宙的统一感，于是他被一种个人无可救药、一无所有的感觉所笼罩。

---

① ［美］马尔库塞. 单向度的人. 上海：上海译文出版社，1989. 17.

天堂永远了失去了，个人孤苦伶仃地活着，孤零零地面对这个世界，就像一个陌生人被抛入漫无边际和危险的世界一样。新的自由不可避免地带来了深深的不安全、无力量、怀疑、孤独和忧虑感"。① 人坠入异化的深渊。由此可见，对进步的追寻如果是人与自然的关系这一向度的话，那么这种进步观本身也有着不可克服的内在矛盾。所以，现阶段日益加强的全球化所引起的各种矛盾与冲突，折射出西方现代性文化所追求的事业的局限性。

"物之不齐，物之情也。"人类历史证明，不管有多少文化形式企图一统天下，其结果都注定是要落空的。不同文化之间的差异始终存在。正是文化之间差异的存在，才有人类文化景观的壮丽与华美，才使人类存在具有丰富性。然而，随着全球化浪潮的推进，深入的文化交往活动使得文化之间的差异直接地呈现为文化体系的核心——文化价值观的差异。这种差异是如此的不可通约，以至于交往中的文化都有意识的排斥与否定对方。在这种情况下，若文化主体之间还存在着显著的经济与政治上的差异与矛盾，那么文化之间的对立就有可能被放大，引起比较剧烈的冲突。可见，文化冲突不是仅仅与文化价值观的差异有关。

（二）文化差异遮蔽的利益关系

具有差异性的不同文化体系在交往中何以导致如此激烈的冲突？马克思认为："人们奋斗所争取的一切，都同他们的利益有关。"② 利益是推动人们从事各种历史活动的客观根源，是社会发展的真正动因，是人们在意识形态方面彼此联合或彼此斗争的经济根源。不言而喻，文化冲突与利益相关。但是，亨廷顿认为，在文明之间斗争的背后，在现实的权力和利益之外，不同的文化价值观念、不同的宗教信仰发挥着重要的作用，并且这种非功利性的强大动力是后冷战世界中决定文明之间冲突的主要原因。他明确地说："冲突源于文化差异"，文明之间在政治和经济发展方面的重大差异是植根于它们不同的文化之中。③ 这种观点把文化冲突的原因归结为文化本身，即文化的差异、文化价值观的不同是文化冲突主要的、根本的动因。对此，刘小枫先生批评道："国家之间的政治行为是势力—利益行为，国家之间的关系是势力—利益

① ［美］弗罗姆. 逃避自由. 北京：工人出版社，1987. 87.
② 马克思恩格斯全集. 第2版. 北京：人民出版社，1995，1：187.
③ ［美］塞缪尔·亨廷顿. 文明的冲突与世界秩序的重建. 第3版. 北京：新华出版社，1998. 252，8.

关系"，在国际政治领域中，精神性的文化宗教传统并没有多大的规约力，因为"利益重于文化"。① 因此，文化是经济与政治利益的反映，文化交往是利益关系的幌子，文化冲突是不同共同体之间的政治与经济的利益之争，是利益冲突的借口。

很显然，无论是文化价值观的差异还是利益的关系，都与文化冲突相关。但是，从与文化冲突的相关性层面上来看，在归根结底的意义上，利益具有基础性的与决定性的意义。文化价值观作为一种"观念"，最初是直接与人们的物质活动，与人们的物质交往交织在一起的，是人们物质行动的直接产物。② 在这个意义，文化价值观不再保留独立性的外观。如果像亨廷顿那样将文化价值观凌驾于利益之上，那么社会意识与社会存在的关系就被割裂开了，文化价值观生成与发展的现实基础也被挖掉了，从而给文化交往穿上一件神秘的外衣，成为一种难以认识与把握的力量。当然，亨氏将立论界定在冷战后——一个由于交往的发展使各个共同体都更清楚地意识到彼此相互依存的全球化时代，是借文化交往的强大现实性力量来彰显以文化交往状况来分析未来世界的独特视角。然而，我们一旦从历史来追溯，"观念"对"利益"的依赖可见一斑。马克思认为，"思想"或者"观念"一旦离开"利益"，就一定会使自己出丑。资产阶级在1789年革命中的利益决不是"不成功的"，它"压倒了"一切，并获得了"实际成效"。"利益是如此强大有力，以致顺利地征服了马拉的笔、恐怖党的断头台、拿破仑的剑，以及教会的十字架和波旁王朝的纯血统。"③ 所以，对文化交往的现实性力量的寻求，"不应当到人们的头脑中，到人们对永恒的真理和正义的日益增进的认识中去寻找，而应当到生产方式和交换方式的变更中去寻找；不应当到有关时代的哲学中去寻找，而应当到有关时代的经济中去寻找"。④

在全球化时代的文化交往中，文化霸权的滋生及其力量的发挥根源于文化主体在世界经济体系中所占据的支配性地位。当今世界，主导着全球经济、政治秩序的主要是西方发达的资本主义国家，它们的科技、经济、军事等力量在短期内不会遭遇到来自第三世界的有力挑战，但是，这些国家仍然强烈期望在文化上控制全球的走向，因为它们很清楚，仅靠经济、政治、军事、

---

① 刘小枫. 利益重于文化. 21世纪，1993，10：26—27.
② 马克思恩格斯选集. 第2版. 北京：人民出版社，1995，1：72.
③ 马克思恩格斯全集. 北京：人民出版社，1957，2：103.
④ 马克思恩格斯选集. 第2版. 北京：人民出版社，1995，3：741.

科技上的强势不仅不足以支撑其全球的霸权，而且露骨的经济利益与政治利益的诉求还往往被斥责为自私与强制而出现负面的结果。因此，为了维持在全球的霸权，发达的资本主义国家更多地依赖于自身文化及其价值观念的推广。文化及其价值观念推广的意义在于能够对人的思想和行为施加影响和控制。人们之所以会接受他文化及其价值观念根源于人的发展的本性，即人总是无所为而为地求真、求善和求美，人总在追寻着全面的发展与自由。当普遍的文化交往使文化主体都直面彼此之间的文化价值观念的差异时，亨廷顿敏锐地捕捉到了这一点，并以这种差异为基点把文化所具有的影响力与权力联系起来，使文化借助于权力实体来伸张自身，权力实体则把所归属的文化价值的伸张视为自身利益，从而把人对自由的向往、把文化及其价值观念的差异夸大为冷战后的世界中文明冲突的根源。其实，当今时代的文化交往，固然有人们追求价值与意义存在方式的一面，但这种追求始终是以利益关系为基础的，只不过文化在这个基础之上，以其强大的反作用力"过滤"了利益关系，使其更隐蔽。利益关系在经过文化的"过滤"之后与文化价值观的矛盾相重合，在一定程度上掩盖于文化价值观的对立之中。因此，亨廷顿的"文明冲突"不只是文化价值观的对立，同时也是权力的角逐与利益的纷争。"文化"已不再是那个仅仅关于人类精神理想的阳春白雪了，"文化成了一种舞台，上面有各种各样的政治和意识形态势力彼此交锋。文化决非什么心平气和、彬彬有礼、息事宁人的所在；毋宁把文化看作战场，里面有各种力量崭露头角，针锋相对"。[①] 很显然，文化冲突不仅体现着文化之间的关系，也体现着文化主体的利益的关系，文化冲突是一场利益的争夺战，文化是利益的"幌子"，利益关系也借助于文化之间的关系来加以表达。

宗教信仰、文化传统、种族归属感、价值观念、意识形态等等精神因素，虽然不是如亨廷顿所认为的那样具有归根结底的意义，但它确实是引起文化冲突的重要因素，甚至在一定范围内是某些文化冲突的直接的首要的原因。文化是经济、政治的体现，更是一种以社会的知识和思想的精华为武器的现实的力量。在文化交往中，交往主体作为一种自由自觉的存在，永远向世界开放。为了突破自己、超越自身，主体在交往中了解人类思想和知识的最高成就，认识彼此文化的创造者、社会环境以及传统的绚丽之处。然而，人之

---

① ［美］爱德华·赛义德. 《文化与帝国主义》导言. 赛义德自选集. 北京：中国社会科学出版社，1999. 165.

为人，在于人是特定文化模式所铸就的，因而交往实践中的文化主体有自己看世界的独特视角，"常常咄咄逼人地与民族或国家绑在一起，把'我们'与'他们'加以区分，几乎永远伴随某种程度的仇视他国的情绪。在这个意义上而言，文化是民族同一性的根源，而且是导致刀光剑影的那一种根源"。① 在这种情形下，对特定文化模式的适应带给人的可能是损害而不是帮助。弗罗姆认为，人能适应任何文化类型，但是只要这种类型和人的本性相矛盾，人便产生精神障碍和情绪障碍，人既无法改变本性，最终便被迫去改变这种状况。② 人本身的超越性与文化的自在性之间的矛盾在文化交往中凸现出来。在交往中的某些文化主体，为了保持对自身文化的虔诚信仰、为了民族的文化认同而抛头颅洒热血成为情理之中的事情。宗教之争、信仰之争、承认的斗争未必需要以物质利益为直接的驱动力。这表明，利益作为人的需要及其满足的反映，是一个复杂的系统，在不同的历史时期、不同的社会发展阶段需要满足的程度有所不同。当文化交往在更高的层次上为主体超越自身与发展自身提供契机和力量的时候，文化冲突的持续性与剧烈程度并不亚于政治、经济的冲突，甚至在政治、经济的冲突随着交往的深入而日渐平息的时候，文化冲突还越演越烈。交往主体力求在文化冲突过程中实现发展自身的利益诉求。

正因为如此，亨廷顿一再强调指出："在后冷战的世界中，人民之间最重要的区别不是意识形态的、政治的或经济的，而是文化的区别。""最普遍的、重要的和危险的冲突不是社会阶级之间、富人和穷人之间，或其他以经济来划分的集团之间的冲突，而是属于不同文化实体的人民之间的冲突。"③ 亨廷顿的忧虑是深刻的。文化冲突取代意识形态的冲突而拥有与经济、政治冲突同等重要的地位已经成为了基本的事实。但是，在社会结构系统中的一切矛盾与冲突，文化因素在归根结底的意义上都很少具有决定性的影响，而真正起着决定性作用的是利益关系，是社会物质生活条件之间的现实关联，是它始终不断地发挥着的对社会的离散功能及其所塑造的社会中的分化力量。随着社会基本矛盾的发展，在利益关系所塑造的社会力量相对稳定的一定阶段上，文化因素才可能变成直接的推动因素。即便如此，一定范围内起着决

---

① ［美］爱德华·赛义德. 《文化与帝国主义》导言. 赛义德自选集. 北京：中国社会科学出版社，1999. 164.
② ［美］埃·弗罗姆. 为自己的人. 孙依依译. 北京：生活·读书·新知三联书店，1988. 32.
③ ［美］塞缪尔·亨廷顿. 文明的冲突与世界秩序的重建. 第3版. 北京：新华出版社，2002. 6—7.

定性作用的文化因素也常常以利益关系作为它的表现形式。例如中国晚清时期，在与西方殖民者的斗争中，到处可以感受到一种为坚守传统文化阵地、维护古老文明的延续而不惜决一死战的悲壮气氛，但是从长远的历史发展过程来看，这种文化冲突无不是中华民族发展自身的利益诉求的一部分。当然，在中西文化的矛盾与冲突中，中西文化价值观的差异始终起着不可忽视的作用。特别是在原殖民地国家，对文化和传统的"回归"产生了形形色色的具有强烈宗教性质的原教旨主义，这其中固然有维护信仰与保护自身文化价值理想的一面，但从整个历史发展过程观之，始终不乏为实际利益服务的一面。

那种把文化冲突仅仅看作是利益冲突而与文化差异不相干或文化差异只是利益关系借口的说法，与亨廷顿夸大文化价值观的差异在文化冲突中的作用的观点一样，在理论上与经验上都是存在困难的。对此，程光泉先生评价道："亨廷顿如此突出精神因素在政治冲突中的作用，确实缺乏实证分析，有失偏颇。但是，说各个民族的文化、文明价值观，以及形形色色的意识形态，在国际政治中统统不过是争权夺利的工具和幌子，也许比亨廷顿偏离真理更远。"① 在这里，问题的复杂性在于文化与利益之间的界限本来就是模糊难分的，文化就包括利益于其中，更不用说文化本身就是一种利益；而从利益来说，利益本身是一个文化的界定。所谓的国家利益、民族利益只能是国家、民族内部各种利益的交织，同时也只能是领袖和精英通过文化和意识形态框架认识到的利益，在一定程度上甚至是通过取得广泛的认同而具有相应合法性的。因此，在当今的文化冲突中，要明确地把文化因素与利益因素分离开来的做法实际上是不可能的。利益关系通常在经过不同文化价值观的透镜折射后，容易与文化价值观的矛盾重合，反过来，文化价值观的矛盾通常都夹杂利益关系于其中，从而无论是利益矛盾还是文化差异都可以被放大许多倍，使冲突变得尤为尖锐。很难说波黑、高加索、中亚，或克什米尔境内的流血冲突不是一种文化冲突，同样也很难说这些流血冲突不是一种利益之争。在多种原因导致一种结果的情况下，任何单一的范式都难免过于简单化而不足以说明文化冲突的真正原因。

事实上，在文化交往中，对文化的认同、对文化价值理想的追求、对自身的超越以及对实际利益的争夺，可以说都是文化冲突的动力。它们之间的

① 程光泉. 全球化与价值冲突. 长沙：湖南人民出版社，2003. 195—196.

关系像是一个难解难分的连环套，你中有我，我中有你。但是，随着全球化的推进，文化因素确实在文化冲突中扮演着越来越突出、越来越重要的角色。一方面，人类共同利益的出现，在一定程度上遮蔽了各交往主体的特殊利益，以至于"全人类利益高于一切"，从而一切冲突都是文明的冲突。这是主导全球化发展进程的意识形态。诚然，在面对生态危机、恐怖主义、核战争、爱滋病、SARS疾病等全球性的危机时，人类共同的利益追求是真实存在的，但这远远不能消解各民族国家的特殊利益，也绝不是当下的文化冲突所能最终解决的主题。在经济政治发展极不平衡的环境下，"全人类利益高于一切"是一个虚幻的乌托邦。因此，"文明的冲突"尽管有对价值理想的追求，但其更为彻底的表现却是强势文化吞噬弱势文化以实现资本利益的目的。另一方面，全球化拉近了各文化交往主体之间的空间距离，这种日益压缩的世界为强势文化吞噬弱势文化的不平等文化交往创造了条件，使任何文化保守主义在实践上都不再可能，因而在面对强势交往主体的文化霸权主义与文化帝国主义行径时，为维护自身特殊利益的反抗斗争使得文化冲突空前的凸现出来。

（三）文化本质主义思维方式

世界是纷繁芜杂的，文化之间存在差异是人类文化的正常的与普遍的现象。人类文化的丰富性，多样性文化的普遍存在，冲突的产生是很自然的事情，所以没有任何文化停滞不前的迹象：不同文化之间在交往中碰撞、冲突，求同存异，取长补短，圆融通达，不断交汇前行，根据社会存在的变化不断改变自身——大多数时候这种改变只是量变，比较缓慢，但有时也会产生质变而进行文化的重构，这是文化自我完善的发展过程，是费孝通先生所寄望的"各美其美，美人之美，美美与共，天下大同"[1] 的理想状态。然而，在现实的文化交往中，不同的文化主体往往分庭抗礼，各执一端，在交往中展开激烈的斗争，大有"不是鱼死就是网破"之势。这种状况的发生与文化主体普遍具有的本质主义思维方式密切相关。

"所谓本质主义是一种先在设定对象的本质，然后用这种本质去解释对象的存在和发展的思维模式。"[2] 这种思维模式有三种表现形式：[3] 一是绝对主

---

[1]　费孝通. 反思·对话·文化自觉. 北京大学学报（哲学社会科学版），1997，3：22.
[2]　李文阁. 回归现实生活世界——哲学视野的根本置换. 北京：中国社会科学出版社，2002. 41.
[3]　全国"当代西方哲学的新进展"学术研讨会论文汇编. 2008-11-1.

义，即万事万物的本质是恒定不变的，它决定事物"是其所是"；二是基础主义，即任何事物都有其本质，无论该事物的表象如何复杂多样，均可从中提取出单一的、稳定的本质；三是科学主义，即人们可以用理性来发现、表达事物的本质。很显然，本质主义的典型症状是形而上学的猖獗。根据这种思维方式，任何文化都被牢牢地拴在某种"本质"之上，现实世界的变动不居与多样性最终都将被遗忘。本质超越了多样的现象，获得了同一的形式与内涵。在交往实践中，交往中的文化通常会出现这样一种特性，即把自身的文化视为确定的完善的文化形式，大千世界中繁杂的精神现象均已囊括其中，或至少可以在其中得到合理的说明，其结果必然导致对他文化的鄙视，把自身文化看作是他文化的典范，并将其与一般、普遍、自我、中心、永恒、同质等联系起来，以之作为衡量、评判交往中的他文化的尺度。

当然，把文化本质主义简单地看作是一种偏执的文化斗争思维方式是不合适的。本质主义的思维方式的产生有其历史的必然性。本质主义思维方式是一种从变动不居的现象中寻找本质、寻求确定性的思维方式。早在古希腊时代就已经出现了，从泰勒斯的"水"、赫拉克利特的"逻各斯"、柏拉图的"理念"到亚里士多德的"实体"，再到康德的"自在之物"与黑格尔的"绝对精神"，无不是对事物本质孜孜不倦的寻求。这种寻求根源于人们在认识与改造世界中的主客二分，即在现象世界之外设立了一个本体世界，并以那个独立自存的本体世界的逻各斯来说明人生活于其中的现象世界。俗话说，擒贼先擒王。一旦本体世界的逻各斯问题得以解决，那么现象世界的纷繁复杂的问题将迎刃而解。因而人们对世界的把握不应是对现象世界的把握，而是对本体世界的把握，是对原初性、确定性、普遍性、永恒性的追寻。这种追寻自有其合理性。当"人猿相揖别"之时，人类从混沌的世界中分离出来并具有了自我意识。黑格尔认为，自我意识具有同一性。这种同一性既是认识的法则，是人们在对浩瀚无边与气象万千的自然界进行认识与把握的过程中必须要借助的一条相对抽象的道路；又是一种自我确证、自我认同的萌芽。人们从经验到的事物中发现，自己所面对的事物从来都并非纯粹的个别，而是一种能够以"类"来对待的具体。因而在对具体事物的经验中培育了一种抽象的能力，即把现实世界变成一幅抽象的图画，并赋予其某种秩序，在差异中消弭差异，寻找出共同的东西，"这乃是自然宇宙通过人类意识活动所要体现的一种力量","乃是文明的不归之路",① 确证了人作为人的认同意识与理性力量。在实践活动中产生的文化作为特定群体为应对大自然的挑战而发展起来的价值观念系统,其存在的依据既根植于人类自身所处的现实世界本身便具有的可归类性,也根植于该群体在进行"归类"过程中对自我理性能力的确证,是该群体区别于其他群体的关键。

文化上的本质主义思维方式是与文化一同发展起来的。在早期相对隔离的社会环境中,人们从氏族、部落到民族的长期的共同社会生活与生产实践中获得了大致相同的认识,形成一种预设了统一的人性、统一的价值标准和价值实现方式的文化形式,并以此作为这个群体的本质力量的表征和存在的标志,文化由此而成为民族存在及其历史的证明。民族与文化之间建构起了血肉相连的关系,具有同一性。这种同一性作为社会的产物,如沃勒斯坦所说,"不应被看成是永恒传统的简单延续。它们是在艰苦工作的岁月里好不容易才形成的社会产物。"② 因而民族的每一个成员都充分肯定与珍视自己的民族文化,以之作为自身安身立命之本,以之作为观看世界、认识现在与展望未来的原点,文化由此成为人们生存与发展的支柱,是在风云变幻的现实世界背后支撑着人们存在的永恒不变的本原。任何对民族文化的轻视或不敬都将被视为是一种亵渎而予以严惩。雅斯贝尔斯认为,人类有强烈的欲望,即认为自己的生活方式是唯一正确的,感到与自己不相像的每个存在就是一种耻辱,并憎恨它。由此便产生了把自己的生活方式强加于他人的意向,甚至可能达到迫使整个世界都模仿它的程度。③ 人类历史发展过程中的各大文化体系、各大宗教无不具有世界主义的理想,无不背负着"普渡众生"的责任和义务,无不把自己的价值观视为普世的福音。这就是文化本质主义——一种本质先于存在的文化现象。

马克思认为,"普遍主义和世界主义是以多么狭隘的民族世界观为基础的","这种傲慢的和无限的民族妄自尊大是同极卑贱的、商人和小手工业者的活动相符合的"。④ 从认识论上来看,文化本质主义的产生是以狭隘的世界观为基础的,狭隘的世界观则是由人们对自然界的狭隘的关系所决定的。当人类的生活局限于狭小的群体范围与实践活动所展开的某些孤立的地域时,

---

① 徐岱. 反本质主义与美学的现代形态. 文艺研究, 2000, 3: 14.
② [美]伊曼纽尔·沃勒斯坦. 现代世界体系. 北京: 高等教育出版社, 1998, 1: 468.
③ [德]雅斯贝尔斯. 历史的起源与目标. 魏楚雄, 俞新天译. 北京: 华夏出版社, 1989. 187.
④ 马克思恩格斯全集. 北京: 人民出版社, 1960, 3: 554、555.

人们只具有局限于民族和地域的活动能力，这种能力决定了人们所从事的实践活动的狭隘性以及由之形成的与整个世界联系的狭隘性，同时也决定了人们意识的狭隘性、世界观的狭隘性。对于一个民族共同体来说，如果其视界仅局限于自身及文化的话，那么就会"在一切领域都把自己的幻想看成是他们对其他民族的活动所下的最后判决，……认为自己的使命是对全世界进行审判"，[①] 进而"把自己视为世界的中心，并把自己的历史当作人类历史主要的戏剧性场面来撰写"。[②] 这样一来，该民族文化体系被主体想当然地赋予了某种权威，致使主体在交往中持自身文化所坚持的某种信念，并以"人同此心，心同此理"的方式来把握未知的世界与评判他文化。在这种情况下，贬低他者价值、尊崇自我、追寻普遍的文化本质主义不可避免地出现了。

文化本质主义，在文化交往实践中显现为文化中心主义。"文化中心主义"的"中心"，是文化主体在交往实践中审视他文化主体的窗口和平台，是该文化主体进行判断与从事活动的出发点和归宿点。在这个意义上，任何文化主体秉持某种"中心主义"，都在自觉或不自觉地根据自身的文化价值观念与需要来设计和从事某种活动。主观性是永远的规则。在全球化的文化交往中，参与交往的各文化主体，都是由边界清晰的不同民族国家所构成，它们在价值取向、利益和需要方面大异其趣，因而对它们来说，以自身的民族文化为"中心"，是当代世界所流行的原则。任何文化主体不会也不应当"高尚"到为了他文化及其主体的存在与发展而放弃自己存在权利和根本利益的地步。

因此，在文化交往中，文化中心主义维护着自身文化的风俗、习惯、制度、传统、生活方式、价值观念及文化理想，同时抵制交往中的他文化的独断专行。这本来是文化交往中正常的文化心理与现象，但如果把握不好，认识上发生了偏差，就极易滋生一些恶性的文化心态，表现为对自身文化价值盲目的绝对的肯定，认为自己的文化是世界上最伟大的文化，是他民族文化不能比拟的，进而把自身文化价值观作为衡量与评判他民族文化优劣的标准与尺度，并对交往中的他民族文化持一种鄙夷甚至排斥的态度。如近代以来西方资本主义文化在文化交往中的优越感与自豪感使其总在不遗余力地输出其文化价值观，排斥、挤压他民族文化。而受到排斥与挤压的非西方文化在

---

① 马克思恩格斯全集. 北京：人民出版社，1960，3：555.
② ［美］塞缪尔·亨廷顿. 文明的冲突与世界秩序的重建. 第 3 版. 北京：新华出版社，2002. 41.

反对西方资本主义文化这种不良心态的过程中，一旦矫枉过正，同样会出现类似的不良心态。"东风西风"说、"河东河西"说等都是这种不良心态的端倪。具体来说，文化中心主义在交往中的不良文化心态有两种情形：

当民族文化处于强势地位时，文化中心主义往往表现为文化霸权。文化霸权这一概念最早是葛兰西提出来的，意指一种必不可少的思想文化统治形式。在文化交往中，文化霸权变异成文化强权、文化殖民，是一种夸大特殊性文化中的普遍性，将特殊性文化价值观念强加于他文化主体的行为。那些物质世界极大繁荣、在经济上占据主导地位的民族和国家，在交往中总是对自身文化具有极强的优越感与自豪感，并理所当然地认为自己的文化比他文化更优秀，从而滋生强烈的普世意识与拯救意识，造成一种征服、同化甚至灭绝他文化的行为模式，产生文化霸权。在这里，我们可以看到，文化中心主义的霸权主义表现形式不是不讲文化差异，而是以差异为前提。只不过因自诩为"最优"而企图取消差异，把文化一元化作为自己的"使命"。文化霸权的推行由于得益于经济上的支配性地位，因而不可避免地与政治手段紧密结合，成为与"硬权力"相对应的"软权力"。从这一角度看，文化霸权具有强烈的政治色彩。早期资本主义国家公开以暴力与政治统治的形式来加以推行。对这一历史事实，马克思曾评价说："英国在印度要完成双重的使命：一个是破坏的使命，即消灭旧的亚洲式的社会；另一个是重建的使命，即在亚洲为西方式的社会奠定物质基础。"[①] 在经济全球化愈益显著的今天，当代资本主义国家主要采用文化输出、文化渗透等文化外交行为来推行和实施文化霸权。这种形式上的转变是因为明确的强制行为不仅已经不能得逞，反而还激起了他文化主体普遍的反抗斗争，带来灾难性后果。因此，文化霸权的实施只能改头换面，更多地以文化扩张的形式出现。文化扩张不是外显的手段，也不通过强制的形式，而是通过市场的全球化，借助于经济和技术优势，借助于物质性的诱惑，以和平自愿的方式在世界范围内横行其道。应该说，文化扩张更具备文化的形态，从而也更加隐蔽。由于整个文化工业能够把人类塑造成在每个产品中都可以进行不断再生产的类型，[②] 大众文化由此能够成为资产阶级文化霸权统治的"社会水泥"，文化工业、大众文化不可避免地成

---

① 马克思恩格斯选集. 第 2 版. 北京：人民出版社，1995，1：768.
② ［德］马克斯·霍克海默，西奥多·阿道尔诺. 启蒙辩证法（哲学断片）. 上海：上海人民出版社，2003. 142.

为文化扩张的有效手段。可见，发达资本主义国家依仗其在文化产品输出上的优势，保证了它在文化价值观上的输出权，即通过大众媒介向外灌输其文化价值观，消解着非西方社会的各民族文化传统。因此，文化扩张虽然在形式上相对温和，但它本身是一种文化霸权的实质则根本没有改变。在这个意义上，无论是公开的文化霸权，还是隐蔽的文化扩张，都会使他文化主体受到伤害，引发文化之间的矛盾和冲突甚至是战争。

当民族文化处于弱势地位时，文化中心主义表现为文化相对主义。众所周知，在几乎长达两千五百年的历史之中，相对主义一直是哲学讨论的一个核心论题。之所以如此，是因为这样一个哲学的概念，从它产生之日起就试图破解本质主义的神话。因此，当以启蒙为名的世界主义风行之时，与之相抗衡的文化相对主义自然而然也就崛起了。文化相对主义认为，每一种文化都会产生自己的价值体系，人们的信仰和行为准则来自特定的社会环境，任何一种行为如信仰、风俗等等都只能用它本身所从属的价值体系来评价，不可能有一个一切社会都承认的、绝对的价值标准。^① 不同文化彼此间没有高低优劣之分，亦无先进与落后之别。在这个意义上，文化相对主义强调的是特殊性的存在与自成体系，在一定程度上是反文化中心主义、反文化本质主义的。然而，文化相对主义在承认并保护特殊性文化的存在、反对用特殊性的是非善恶去判断其他的特殊性文化时，却又坚守着特殊性文化的自足性而盲目地排他，反对与他文化的交往，沉浸于自我，陷入文化保守与文化孤立的境地。文化相对主义之所以会陷入文化保守与文化孤立的巢臼，不在于它对多元文化的承认，而在于它把特殊性的民族文化传统视为神圣不可动摇的。这种对已有文化的严重依赖、这种无法摆脱的不舍与留恋，在无力将之"兼济天下"，又唯恐受到他者浸染的情形下，只能以非此即彼的形而上学的思维方式将之与他文化进行孤立与隔绝。很显然，文化相对主义这种保护特殊性、崇尚多元文化的自我实现的冲动是以自我中心的方式来表达的，是试图通过对特殊性、对多元化的推崇来强调自身存在的重要性，以便在适当的时机成为世界文化的领导者。以中国为例，近代以前，中国文化位居世界领先地位时，在文化交往中表现为妄自尊大，非我即夷的文化霸权主义；到了近代，资本主义文化崛起，中国文化变"夷"无望时，实行了极端的闭关锁国政策，

---

① 乐黛云. 跨文化之桥. 北京：北京大学出版社，2002. 36—37.

以保守主义的心态推行消极的文化保护主义策略，排斥一切外来的东西，固守着已有的传统。同时像一只猎豹，伺机而动。第一次世界大战的爆发、《西方的没落》一书在中国的介绍、罗素等西方学者对中国文化的一些赞扬，使得民族主义情绪一度高涨，出现了以梁漱溟等人为代表的"东方文化派"。它认为，在精神层面上胜过西方的中国文化将引领世界文化发展的路向，实现"东方化"。可见，文化相对主义关上了文化霸权的门，却打开了文化保守主义或文化民族主义的窗，始终没有脱离文化中心主义，因而在实质上还是一种文化本质主义观念，与文化霸权主义殊途同归。在这个意义上，文化相对主义对文化中心主义、文化本质主义的反叛无疑是"抽刀断水水更流"。

文化中心主义的上述两种情形无疑是文化交往顺利实现的障碍。在当前的文化交往中，它们是比单纯的文化差异与利益关系更重要的文化冲突原因。在这两种文化中心主义的支配下，无论是文化差异的对立还是利益的争夺都将被过分夸大，并能够利用经济全球化为文化交往所提供的各种先进的技术手段以重拳出击，从而使它们与文化冲突之间呈正相关关系，即文化霸权与文化相对主义引起文化冲突，文化冲突又进一步强化文化中心主义并使之走向极端。在这里，值得注意的问题是，文化本质主义与民族文化一同产生发展，为什么在当下的文化交往中才显现出如此巨大的威力呢？毫无疑问，这种情形是与一定的社会历史发展阶段相联系的。拉雷恩认为，"在相对孤立、繁荣和稳定的环境里，通常不会产生文化身份问题"，文化本质主义也就没有发挥的空间；"只要不同文化的碰撞中存在着冲突和不对称，文化身份的问题就会出现。"[①] 在利益分化和私有制还占据主导地位的今天，经济、政治、文化发展不平衡、交往不对称，各文化主体之间虽然有一定的共同利益，但在根本利益上仍然是相互对立、彼此冲突的，这样的社会状况决定了文化本质主义在文化交往中将表现为一种狭隘的文化中心主义。所以，狭隘的文化中心主义是历史的产物，源于其他文化的形成，或与其他文化相关时。在这个意义上，文化冲突不是个人的力量，而是社会的力量；文化冲突所造成的痛苦是时代的痛苦。

---

① ［英］拉雷恩. 意识形态与文化身份：现代性与第三世界在场. 上海：上海教育出版社，2005. 194—195.

（四）文化交往状况

无论是文化之间的差异、文化主体之间利益取向的不同还是文化中心主义，都是在文化交往的实践过程中显现出来的。在人类社会的早期，由于生产力水平极端低下，人们的活动能力受到来自自然和社会的各种限制，各民族文化都在相对孤立的地域上发展，彼此之间几乎没有接触的机会，当然也很少有文化交往活动，从而也就没有文化冲突。随着生产力的提高，人们的活动能力日渐突破原有的各种限制，民族文化力量日益增强，文化交往才在自觉与不自觉的状态中展开，不同文化之间才有碰撞与冲突。因此，没有文化交往就无所谓文化冲突。文化冲突是一种历史文化现象，是与文化交往的状况紧密相联的。

文化交往以物质交往为基础。物质生产及其交往的矛盾运动最终决定着文化交往的状况。从人类社会的历史发展过程来看，文化交往追随着物质生产及其交往的矛盾运动，经历了一个从偶然到频繁、从间断到经常、从闭塞到开放、从区域到洲际、从民族到世界的发展历程。在这一发展历程中，在不同的历史发展阶段上，文化交往有着不同的性质和水平，文化冲突随之呈现出不同的状态。迄今为止，人类文化交往主要经历了三大发展阶段。这三个阶段是通过三种典型的文化交往媒介表现出来的三种文化交往样态，即以口头语言和少量的书面语言及物质产品为媒介的前现代的文化交往、以印刷文字为媒介的现代的文化交往和以电子信息为媒介的后现代的文化交往。各个文化交往阶段在时间上是相互取代的过程，但却是文化交往媒介不断多样化、文化交往形式不断变化以至于文化交往不断普遍化与深入化的历史过程。

1. 前现代的文化交往

在现代化浪潮袭来以前，人类经历了一个相当漫长的历史时期。从交往形式来看，这个历史时期贯穿在原始社会、奴隶社会和封建社会的社会形态链条中。文化形式以游牧文化与农耕文化为主。从原始社会、奴隶社会到封建社会，社会经济的运行方式是自给自足的自然经济，人的生产能力只是在狭窄的范围内和孤立的地点上发展着。在尼罗河流域、两河流域（西亚的幼发拉底河与底格里斯河）、爱琴海区域、印度河流域以及黄河流域相继独立建立了人类最初的几个古代文明。随着生产的发展，物质交往由内部向外部的转移与日渐拓展，古代各文明才在力所能及的相邻地区展开文化之间的交往。

因而这一时期的文化交往表现为偶然的、缓慢的、不连贯的、以地缘关系和统治服从关系为基础的地方性联系，还不足于把世界联成一个有机的整体。

从文化交往的主要媒介来看，口头语言是这一历史时期文化交往的主要媒介之一。它以人的自然之躯作为载体，使得文化交往是一种典型的"在场"的面对面的直接交往。由于口头语言转瞬即逝，记录性较差，只能依靠人脑有限的记忆力来进行保存和积累，因而文化交往受到时间和空间的巨大限制，只能在非常狭小的范围内进行。对口头语言的记录和保存，促使了文字的产生。文字的发明使文化交往跃入了更高的层次，在一定程度上突破了口头语言交往的时空局限，且承载的信息也逐渐由简到繁。然而，这种以书面语言为媒介的文化交往与以物质产品为媒介的文化交往一样，由于技术条件的限制，仅仅掌握在少数人手里，而且只能靠人畜等工具来进行传送，因而交往速度缓慢且规模狭小。这正如阿帕杜莱所说，"直到过去几个世纪之前，跨越巨大的空间获取资源受到一系列因素的限制，如时间、距离、有限的技术等等，所以在社会及空间上彼此隔离的群体之间的文化交往通常是代价高昂的，只有付出极大的努力才能持续一定的时间。"[1] 可见，不管是"丝绸之路"、亚欧民族大迁徙、横跨欧亚非大帝国的建立、十字军东征、蒙古西征、马可·波罗东游，还是郑和下西洋，都不足以形成广泛而深入的文化交往。

从文化交往的实现方式来说，文化交往主要依附于物质交往并与之交织在一起，同时，民族迁徙、战争、宗教传播等也推动着文化交往的实现。"凡是在跨越世界的不同区域发生的持久的文化交往中，通常都会涉及商品（以及与之利害攸关的商人）的长途贩运。"[2] 在这个时期，商业联结主要是通过穿越欧亚大陆中部的陆路和环绕欧亚大陆边缘的海路。从事商业贸易的商人，不仅是物质交往的促进者，而且是文化交往的使者。此外，民族的迁徙与聚合，亦促进了文化交往。持久的文化交往的实现主要来自两种方式，一是战争，这是在极端贫困的情况下，争夺必需品的战争；二是宗教皈依，这是人们在自然与社会力量面前不能获得自由时的精神食粮，有些情况下成为战争合法化的手段。通过这些方式，毫无关联的诸地区文明稳步地向外扩展，直到相互联结起来。

---

① 阿尔君·阿帕杜莱. 全球文化经济中的断裂与差异. 汪晖，陈燕谷主编. 文化与公共性. 第2版. 北京：三联书店，2005. 522.
② 阿尔君·阿帕杜莱. 全球文化经济中的断裂与差异. 汪晖，陈燕谷主编. 文化与公共性. 第2版. 北京：三联书店，2005. 521.

从文化冲突的状况来看，在传统文化与新文化的冲突类型上，最突出的表现是原始文化与农耕文化的冲突。原始文化是一种自然主义的文化形式，代表着传统的文化力量；而农耕文化是一种经验主义的文化形式，是新生的文化力量。在原始文化转向农耕文化的过程中，原始文化由于占据了人类历史的大部分时间，具有惊人的连续性，使得新旧文化之间在农业生产与畜牧生产、财产关系与血缘关系、国家与氏族、哲学与神话等方面形成相互对抗的局面。古希腊时代的梭伦改革"在当时是了不得的革命"，① 推动了农业文明最终全面取代原始文明，实现了社会发展与文化进步。在外来文化与本土文化的冲突类型上，文化冲突通常出现在民族迁徙、征服活动、帝国的建立等强制性的文化交往中，表现为边缘地带的游牧文化向处于中心地带的农耕文化的入侵。在欧亚大陆上，进入农耕世界的主要是欧亚大草原西部的印欧人和大草原东部的蒙古—突厥各族。由于文明程度的不同，特别是先进的农耕文明所具有的不可抗拒的吸引力，游牧民族很快接受了农业生产及其相应的生活方式，游牧文化与农耕文化的冲突很快走向文化融合。如东晋末期，统治中国北方的游牧民族进入中原汉族居住区，开始时对汉文化有强烈的抗拒心理，文化冲突不断。但是文明民族既有文化成果的先进性，使得游牧民族自觉与不自觉地开始了把汉文化变为自己文化的过程，即开始了汉化的过程。这种经过文化冲突而很快走向文化融合的事例不胜枚举。此外，征服民族原先优越的文化在征服过程中因耗损而退化与解体，往往使文化冲突难以持续，文化交往实践因主体的缺失而中止。如古希腊马其顿文化因亚历山大帝国的解体而衰落。偶尔，不同民族因发展的需要而主动展开文化交往，一旦在交往中出现文化冲突的征兆，文化主体通常以断绝往来、回避交往的方式避免文化冲突。可见，在这一历史时期，文化冲突发生的几率相对较低，文化冲突的规模较小、程度较低。

2. 现代的文化交往

工业现代化时期的文化交往，从交往形式来看，贯穿在自由资本主义的社会形态链条中。自由资本主义社会，其社会经济形态的基本特征是资本主义私有制基础上的商品经济、市场经济。商品交换是最常见、最普遍、最基本的现象，追逐利益的最大化是推动商品交换的根本动力。为了不断获取交

---

① 陈刚. 西方精神史（上卷）. 南京：江苏人民出版社，2000. 134.

换价值，资产阶级开拓了世界市场，创造了各民族深入展开交往实践的平台，文化交往由此不断地突破原有的交往区域，逐渐形成一个世界性的交往网络。在这一历史时期，文化交往表现为经常的、连续的、以追逐资本利益为基础而强行建立起来的世界性联系，并以西方现代性文化为中心形成了全球规模的文化交往。

从文化交往的媒介来说，印刷文字是这一时期主要的文化交往媒介。马克思说，印刷术"变成新教的工具，总的来说变成科学复兴的手段，变成对精神发展创造必要前提的最强大的杠杆"，[①] 支撑起了地理大发现后的世界。"资本主义的印刷文明"在民族国家意识的生产过程扮演了决定性的角色。"印刷科技的长足进步，使得印刷成品得以快速增长并散布，这就造成了两大方面的结果。其一，通俗语言的一种，变成了'国'语；其次，在这些印刷媒介的表意过程，由于它们将时间及空间聚合于一处，因此也就产生了另一种理解何谓民族国家'社群'的方式。"[②] "资本主义的印刷文明"不仅使文化交往在现代意义的民族国家的背景下进行，而且印刷文明所导致的文字信息的大规模生产与复制，形成了所知与能知的分裂；印刷成品如书籍、报纸、杂志等出版物的唾手可得，打破了少数人对文化的垄断；印刷媒介对"在场"的直接交流的需要的有效排除，使文化交往飞跃广阔空间、占有近乎无限的时间，造成文化交往的延搁异时，文化交往的规模无限扩大。同时，伴随着交通与通讯的极大改善，文化信息开始源源不断地通过轮船、电报等从西方流向世界各地，文化交往的速度明显加快。然而，文化交往由于还囿于"可读的"范围之内，使人们对世界的把握是经过抽象的思维达到的。抽象的能力是每个文化主体都可以掌握的，因而不可避免地形成以财富为力量核心的崇尚理性的社会，强化了文化交往中的自我中心主义观念。

从文化交往的实现方式来说，文化交往逐渐从物质交往中分化出来，直接的文化交往日益增多，但文化交往实践紧紧围绕物质利益来展开，且通过阶级斗争或征服的殖民活动来实现。从英国、法国、德国到美国的资产阶级革命，从达·伽马首航印度、哥伦布开辟北美航线与麦哲伦环球航行到鸦片战争，以资产阶级为主体的现代性文化利用暴力的手段，与传统文化展开激

---

① 马克思恩格斯全集. 北京：人民出版社，1979，47：427.
② ［英］汤林森. 文化帝国主义. 上海：上海人民出版社，1999. 156.

烈的交锋。马克思认为，资本来到人间，每个毛孔都滴着血与肮脏的东西。这意味着，现代性文化与传统文化的交往一开始就带有"弱肉强食"的血腥气味，从而使抛弃传统文化，接受与践行资产阶级经济利益至上的利己主义文化成为文化交往的惟一旨趣。在这种以暴力为支撑的同质化进程中，造成了普遍缺乏共识的文化冲突。

因此，无论是代表工业文明的资产阶级现代性文化与代表农业文明的封建文化的冲突，还是以资产阶级现代性文化为主导的西方文化与以农耕文化为主导的非西方文化的冲突都异常的激烈。"在每一个工业化国家，第二次浪潮的工商集团和第一次浪潮的地主及与之联盟的教会（它们自己也是土地占有者）之间，常常爆发惨烈甚至血腥的战斗。"① 资产阶级的现代性文化具有显著的理性主义特征。这种理性主义精神对于破除封建思想文化的蒙昧、颠覆封建思想文化的支柱——神学以及推动资产阶级革命起到了巨大的作用。因此，一切旧文化的势力代表都竭力压制资本主义文化的发展，限制言论出版自由，迫害提倡新文化的思想代表等；而资产阶级作为在封建主统治下的被压迫等级，以及工场手工业时期的等级君主国或专制君主国中同贵族抗衡的势力，处心积虑地处处与封建势力展开斗争，通过发展科学技术、开展文艺复兴运动、进行宗教改革，继而掀起波澜壮阔的启蒙运动，最后发动资产阶级革命。"一切固定的僵化的关系以及与之相适应的素被尊崇的观念和见解都被消除了"，"一切等级的和固定的东西都烟消云散了，一切神圣的东西都被亵渎了。"② 城市化、世俗化、工业化、理性化成了整个社会的追求，理性、契约、平等、民主取代了经验、血缘、等级、专制成为人的主要生存状态。这一切，"是用血和火的文字载入人类编年史的"。③ 与民族国家内部资产阶级现代性文化与封建专制主义文化的冲突相伴随，资产阶级为了扩大商品的销路，巩固资本主义的生产方式，对非西方的农业文明国家进行了疯狂的殖民，发动侵略战争，"把一切民族甚至最野蛮的民族都卷到文明中来"，"迫使它们在自己那里推行所谓的文明"。这种利用船坚炮利来进行的强盗式的文化侵略与掠夺，引发了交织着文化的民族性差异与时代性差异的文化冲突。文化冲突变得越来越复杂。此外，各资产阶级国家由于支配世界的强烈愿望以

---

① ［美］阿尔温·托夫勒，海蒂·托夫勒. 创造一个新的文明. 上海：上海三联书店，1996. 15.
② 马克思恩格斯选集. 第2版. 北京：人民出版社，1995，1：275.
③ 马克思恩格斯选集. 第2版. 北京：人民出版社，1995，2：261.

及瓜分殖民地利益的不均，在它们之间也爆发了大规模的、灭绝人性的冲突与斗争。从此，揭开了全球性文化冲突的序幕。

3. 后现代的文化交往

后现代是现代的继续。和普遍化的、单一的现代化道路相反，后现代的现代主义话语是多样性的，是用复数形式来表达历史的进步。因而后现代的交往形式贯穿在晚期资本主义与社会主义两个并行的社会形态链条中。晚期资本主义社会在经济形态上的基本特征依然是资本主义私有制基础上的商品经济、市场经济，只不过生产资料所有制形式由过去的私人占有转变成"国家"作为资本家的代表占有生产资料。这一基本特征决定了自由资本主义时代所建立的以西方现代性为中心的全球交往网络不仅依然存在，而且更进一步地向纵深发展，"全球化"风起云涌。社会主义是对资本主义不断扬弃的一个历史过程，其经济形态的基本特征是以公有制为基础的市场经济，因而必然要融入业已建立的全球交往网络，加强与资本主义各民族国家的联系，利用资本主义所创造的一切文明成果来发展自身，以摆脱单一现代性体系，实现对西方现代性的突破。因此，文化交往表现为自觉的、经常的、以特殊性文化的创新发展为本位的全球性立体式交往。

从文化交往的媒介来说，电子媒介是这一时期主要的文化交往媒介。电子媒介主要包括广播、电视、电影及网络等，它们的出现导致了文化交往从间接交往再次转向直接交往，形成了一种以信息为力量核心的文化工业。文化工业的大规模发展使文化交往所承载的信息量、交往的质量及效率都获得了空前的提升。尤其是网络的出现，使文化交往更彻底地突破时空的边界，实现信息（包括文字信息与图像信息）的远距离快速传输，开辟了一条便捷、高效的文化交往的空中通道，能够把任何特殊性文化的力量深入扩散到世界各民族国家的各阶层人们的日常生活中。很显然，电子媒介本身创设了一个平等参与的、崇尚多元文化共生的异质化结构的文化交往新平台，内在地反对同质化或趋同化的趋向。

从文化交往的实现方式来说，大众传播是主要的实现方式。大众传播是直接以传播文化为目的奇妙工具。本雅明意识到大众传播媒介是平等主义的推动力。借助大众传播媒介，各民族国家均可向世界各阶层人民传播自己的价值观念与生活方式，民族文化全面地开放，并在不断释放民族性格与个性的过程中进入全球的文化交往网络中。然而，"本雅明非常清楚，媒介本身还受到主要的社会体制尤其是资本主义的介入。"① 众所周知，大众传媒是一个集电子邮件、数据库、通讯等于一身的高科技系统，只有政府集国家的财力才能进行资助。大众传媒体现的是民族国家在实体经济上的竞争力。因此，无论人们承认与否，在媒介空间中起作用的，首先是直接的和间接的政治权力。换句话说，只有那些经济实力雄厚的西方发达国家的现代性文化，才能借助于信息超级高速公路，大流量地在世界各地传播，延伸着资本的权力。大众传媒在很大程度上充当了传播西方文化价值观念的喉舌。对于非西方世界来说，大众传播领域成为一个争夺文化领导权以维护民族文化的独立与发展、挑战西方文化中心主义的新的斗争场所。

从文化冲突的状况来看，多元现代性文化之间的冲突与文化全球化和本土化之间的冲突交织在一起。资产阶级文化作为工业的现代性文化，奠基于资本主义的生产资料私有制，因而它的核心是私有观念，具有强烈的理性中心主义色彩。丹尼尔·贝尔指出：资本主义"从一开始，禁欲苦行和贪婪攫取这一对冲动就被锁合在一起。前者代表了资产阶级精打细算的谨慎持家精神；后者是体现在经济和技术领域的那种浮士德式骚动激情，它声称'边疆没有边际'，以彻底改造自然为己任。这两种原始冲动的交织混合形成了现代理性观念"。② 在这种观念的支配下，工业文明取得了巨大的成就，在物的基础上把独立性还给了人，满足人的欲望、实现人的发展。遗憾的是，工业文明发展所依附的那种"没有边际"的扩张其实是有边际的，必然受到资源、能源以及地球本身有限空间的限制；在物的基础上的人的独立性其实是服从于"物"的统治的，利益的最大化是这个私有制社会运转的根本目的。于是，曾经"无情地斩断了把人们束缚于天然尊长的形形色色的封建羁绊"③ 的资产阶级文化又给人套上了资本的枷锁。可见，"资本主义文化是一种拜物教的文化。"④ 它不是属于人的本质的东西，而只是资产阶级贪婪攫取的工具。因此，本应适应和满足人的需要的文化成为统治人、限制人的力量，文化成为异化于人的东西。当工业文明扩张的可能性越来越小，资本主义文化给人带来的灾难就越来越大，人也越来越强烈地需要摆脱异化的状态，从而也就宣告了这一文化必将为更新的文化所取代。脱胎于资产阶级文化母腹的社会主

---

① ［美］马克·波斯特. 第二媒介时代. 南京：南京大学出版社，2001. 14.
② ［美］丹尼尔·贝尔. 资本主义文化矛盾. 北京：三联书店，1989. 29.
③ 马克思恩格斯选集. 第 2 版. 北京：人民出版社，1995；1：274—275.
④ Andrew Milner, Jeff Browitt. Contemporary Cultural Theory. Routledge, 2002. 59.

义文化是共产主义文化的初始阶段，是一个要不断地与资产阶级进行文化交往并继承其精华和一切优秀成果以持续推进现代化进程的文化形态，因而它必然展开对资产阶级工业现代性文化的批判，从空想社会主义到科学社会主义，从古典马克思主义到西方马克思主义，从新马克思主义到民族化的现代马克思主义，无不对资产阶级的工业文明进行了全面的批判。它们反对私有观念，反对发端于启蒙时代的技术理性，反对人的异化，倡导并致力于一种以人为本的民族的科学的大众的现代性文化。然而，"无论哪一个社会形态，在它所能容纳的全部生产力发挥出来以前，是决不会灭亡的；而新的更高的生产关系，在它的物质存在条件在旧社会的胎胞里成熟以前，是决不会出现的。"① 因此，在一定阶段上社会主义文化与资产阶级文化的斗争并不会抑止资本主义文化的发展，而只会加速它的发展，迫使它采取更先进的文化形式。② 资产阶级现代性文化与社会主义现代性文化之间的冲突将是人类历史上最持久最激烈的文化冲突，它们都将利用现代科技的文明成果来展开对抗。

资产阶级现代性文化是西方文化发展的一个阶段，在后现代时代已然凝炼为一种以理性为中心、具有强烈自我意识与普世主义情怀的发达文化形态；非西方文化在这一历史阶段上则表现为广大后发现代性国家在推翻西方发达资本主义国家殖民统治后刚刚起步发展的具有强烈民族主义情绪的本土文化。在文化交往中，依然居于强势地位的资产阶级现代性文化总是凭借其在现代经济、科技上的优势不遗余力地向广大发展中国家的非西方民族文化进行文化输出，企图以文化软实力的力量重新俘获它们，既获取资本的利益又实现西方文化二千多年来的夙愿。尼克松曾在《1999：不战而胜》一书中坦率地说："播下思想的种子，这些种子有朝一日会结成和平演变的花蕾。"美国前总统老布什认为，凡是接受美国经济的国家，就无法拒绝美国的价值观念。现代西方发达的消费文化正滥觞于全世界，同时，在民族、宗教信仰、主权、人权以及全球污染治理等等一系列问题上非西方世界正在被带入西方文明所示范的那种普世幸福的前景中。面对强势文化全球化所带来的排斥、挤压，非西方文化备感存在与发展受到威胁。后发现代性国家普遍兴起后殖民主义思潮，对西方文化价值观展开批判。尤其是"冷战"后，非西方世界的本土化浪潮高涨，民族主义意识抬头，各民族日益强化对本土文化的认同，放大

---

① 马克思恩格斯选集. 第 2 版. 北京：人民出版社，1995，2：33.
② 列宁全集. 第 2 版. 北京：人民出版社，1990，46：16.

自主意识，以至滑入文化相对主义的泥沼。在全球化与本土化难分难解的情形下，由于文化之间显著的民族性差异，以及发展的不平衡，即各文化所依托的经济力量的不平衡以及文化时代性的不同，文化冲突不可避免地在这种错综复杂的交往环境中不断升级，甚至采取一些比公开的武装冲突更具灾难性的手段，如秘密的从社会内部去进行破坏的非军事的暴力形式——恐怖活动。托尔斯泰曾说，"精神力量被歪曲了，技术上的完善只会起破坏作用。"[①]因此，在这一历史阶段上，文化冲突分外突出，全球化时代文化交往的悖论凸现出来，即文化交往越密切，文化冲突越剧烈，文化之间处于对峙状态，文化交流难以达到。文化冲突犹如狂奔的野马，成为全球化时代文化交往的一道难题。

从文化交往状况与文化冲突的历史流变过程来看，成功的文化交往罕有发生，文化冲突总是伴随着文化交往的历史过程生成、发展、扩大与深化，是文化交往的产物，也是文化交往不足的表现。在利益分化与私有制条件下，人类历史写满了对非我族类的敌视，不同文化主体在利益上是相互对立、彼此冲突的。尽管不同文化可能会在世俗形态上日渐趋同，但在价值观上始终处于对峙状态，并通过交往过程中的文化冲突来体现这种对峙。当不同文化在冲突中充分交流、相互整合而进入文化融合的状态时，文化冲突则随着文化主体之间对立的消失而消失。因此，从历史的角度来看，无论文化冲突的难题怎样的难解或者是无解，在归根结底的意义上必须依赖于交往形式及其相应的文化交往实践的发展。现实存在的文化冲突是借助于一定交往形式下所创造的实体、关系及其文化交往实践才走向深入的，文化交往始终是文化冲突的过程平台。历史已经做出了证明。

三、文化交往主体间关系决定文化冲突的二重性

文化是多样性的存在。任何文化冲突都没有消除文化的多样性存在，即使是在全球化这个人类文化冲突的巅峰时代。因此，文化冲突不是文化交往

---

① 列夫·托尔斯泰文集. 北京：人民文学出版社，1992，16：326.

的终结，而是文化交往的现象、过程与形式。从人类文化发展的历史过程来看，任何文化交往都是文化冲突与文化整合的并存。全球化作为人类社会发展到一定历史阶段上的一种客观趋势，它的推进过程，一方面加强了各民族文化之间的相互认识与相互了解，推动着不同文化之间的相互借鉴与吸收而走向文化整合，另一方面也是文化冲突日益复杂化与尖锐化的过程。文化整合无时无刻不与错综复杂的文化冲突交织在一起，它们是不同文化主体关系的两个方面，现实生活中不论怎样灾难性的文化冲突都不可否认一定程度上的文化整合的存在。文化冲突本身表现着文化整合的存在。文化冲突具有二重性。

（一）既同一又斗争：文化交往的主体间关系

概观人类文化交往的历史，可以看出不同文化之间不仅由于空间区位发生着共时态的联系，而且由于时代差距发生着历时态的联系；不仅相比较而存在着差别，而且相互作用存在着联系。不同文化之间的各种关系相互交织、缠绕，形成了一个纵横交错的网络式的文化交往关系，推动着人类文化的发展。在全球化进程中，文化交往关系更趋复杂化和多样化。一方面，全球化"牵一发而动全身"的网络效应已经把所有的文化都纳入到了世界文化交往之网中，每一个文化主体都要面对多极的文化主体，文化主体之间的关系复杂化。另一方面，在不同文化体系的不同文化领域中，文化主体之间的关系也不同。一般来说，在大众文化领域中，文化主体之间的关系倾向于同一性；在意识形态文化领域中，文化主体之间的关系倾向于斗争性；同一文明圈层内的文化主体关系倾向于同一性，分属于不同的文明圈层的文化主体之间的关系倾向于斗争性，且不同文化体系之间、不同文化领域之间又相互交织，多元互渗。由此可见，文化主体之间一方面具有同一性，进行着文化的整合，另一方面又具有斗争性，发生着文化的冲突。甚至同一文化体系内部不同文化领域之间也时常发生文化的冲突。所以，文化主体之间的关系是一种矛盾关系。

矛盾关系是一种既有同一性又有斗争性的关系。文化主体之间的关系作为一种矛盾关系，既处在密切的联系之中，有着相互通约的一面，可以进行一定程度的文化整合；又处于相互排斥与相互否定之中，有着不可通约的一面，可引发文化的冲突。列宁说："对立面的统一（一致、同一、均势）是有条件的、暂时的、易逝的、相对的。相互排斥的对立面的斗争是绝对的，正如发展、运动是绝对的一样。"[①] 文化主体之间的相互排斥、相互斗争是绝对的，是无条件的，它是不同文化相互区别开来而能够独立存在的根本条件，是文化具有差异性的保证。不同文化之间最本质的区别是文化价值观，最根本的不同是文化价值观的不同。在文化交往中，只有不同文化主体坚持文化价值观之间的不可通约性，即文化价值观处于相互排斥与相互否定状态，才能从根本上保证不同文化体系的存在。在这个基础之上，文化主体可将不同文化体系中具有可通约性的方方面面互相贯通、互相渗透，进行文化的整合。这是文化主体之间的同一性，它是具有差异性的不同文化体系之间共融与并存而促进各自发展的保证，以不同文化体系的独立存在为条件，因而是相对的。

由此来看，交往中的文化主体之间的同一性与斗争性是决不可分离开来的，它们之间是相反相成的。文化主体之间的斗争性存在于同一性之中、贯穿于同一性之中，正因为如此，它才是绝对的；文化主体之间的同一性必须以斗争性的存在为前提，没有斗争性贯穿其中，同一性也就失去它存在的意义，因而同一性只能是相对的。在同一性与斗争性的联结中，文化主体之间的同一性，不同文化之间的并存与共融，是不同文化的独立存在和发展的必要前提，为交往中的不同文化创造了吸取对方优秀文化因子的条件，规定了文化发展的基本趋势。文化主体之间的斗争性，不同文化之间的相互排斥、相互否定和相互分离，是不同文化之间并存、通约、整合的必要前提，推动着交往中的文化的发展。可以说，文化的发展是文化主体之间同一性与斗争性相互作用的结果。因此，对文化主体之间的同一性与斗争性的任何割裂，都会在实践中导致严重后果。查尔斯·泰勒排斥"主体间性"的同一性，在"承认"过程中以"斗争"作为"得不到他人承认或只是得到扭曲的承认"[②]的语境下的一种最基本的交往方式，其结果是"某种生活方式靠贬低其他生活方式而获得特权"，[③] 从而使这种没有同一性为前提条件的"斗争"畸变成一种霸道的压制，或成为一个滋生仇视性排外性的"原教旨主义"大本营。

---

① 列宁全集. 第2版. 北京：人民出版社，1990，55：306.
② ［加］查尔斯·泰勒. 承认的政治. 汪晖，陈燕谷主编. 文化与公共性. 第2版. 北京：三联书店，2005. 290.
③ ［德］尤根·哈贝马斯. 民主法治国家的承认斗争. 汪晖，陈燕谷主编. 文化与公共性. 第2版. 北京：三联书店，2005. 356.

事实上，只要文化主体之间是一种矛盾的关系，斗争性就始终奠定着同一性的基础。任何同一性都不是"抽象的同一"，都是以不同文化体系之间的差异作为前提的，而差异的存在却是文化主体之间的斗争性给予保障的。当不同文化在交往中共存于同一矛盾体系中时，文化主体面临异质的文化因子，维持自身存在的独立性是文化主体的首要任务，因而自然而然地首先出现文化隔离现象，文化隔离导致文化误读，不同文化主体之间不可避免地相互排斥、相互否定，成为对立的两极。此时，如果文化主体之间加强交流、增进相互了解，文化主体之间的斗争性逐渐减弱，同一性逐渐增强，不同文化就会从对立走向彼此宽容与和平共存，达到一定的同一状态；如果文化主体强化隔离，文化主体之间的斗争性增强，就会深化文化之间的对立与冲突，甚而导致激烈的战争。当然，文化冲突也是交往的一种方式。任何文化主体都不希望自己的文化在冲突中走向毁灭。特别是进入现代社会之后，人类掌握了以前所有社会不知道的秘密：即双赢的原则（丹尼尔·贝尔语），即每一方都是受益者、胜利者，尽管收益与收获有多少的不同。就交往中的多极文化主体之间的关系而言，同样存在一个"双赢的原则"。这是因为，人类进入二十世纪之后都开始面对着相同的社会难题、经济难题和共同的文化难题。任何单一的文化体系都没有足够的能力去独自解决这些问题。人类必须在交往中为自己创造出一种新的文化，必须为自己建构起一种新的文化适应的机制。否则，任何文化主体都无法走出自我感受的局限，完成以横向结构和公共生存为纽带的文化身份以及文化心态的转换。因此，交往中的文化主体即便在激烈的冲突中也不遗余力地展示各自以文化价值观为核心的各种文化特质，迫使他文化主体在这种迂回的交流方式中更深刻地认识到彼此之间在何种程度上以及多大范围内的可通约性。不同文化之间的这种可通约性，萨托利称之为"相互交互交叉的派别"，他认为，当这种相互交互交叉的派别"受着多种多样加入者的调节时，多元主义就会顺利生存；如果派别的界线因循不变，并且相互强化这一界线，多元主义的日子就不妙了"。[①] 由此可见，正是文化主体之间的斗争性才使得多元文化共存的同一性得以存在。在多元文化共存的同一性基础之上，文化主体之间的斗争性又会促使这种同一走向更高层次的同一状态，即不断地促成一种由许多种民族的和地方的文化形成的世界文

---

① ［美］萨托利. 民主：多元与宽容. 刘军宁，王焱编. 直接民主与间接民主. 北京：三联书店，1998.
61—62.

化。阿拉伯谚语说："如果思想是盲目的，那么眼睛将毫无用处。"那种认识不到"戾气"可以走向"祥和"而顽固坚持斗争性、舍弃同一性的文化主体，那种看不到人类历史上激烈宗教战争与帝国征战后的相互交流、增益与分享的文化主体，无疑是在将斗争的战场变为埋葬自己作为文化霸权主义者抑或文化相对主义者角色的墓地。在这个意义上，文化冲突是实现多元文化并存与共融的形式。

（二）文化冲突具有二重性

全球化背景下广泛而激烈的文化冲突，并没有消除人类文化的多样性存在，也没有切断人类文化交往的步伐，甚而可以这样说，正是由于多元文化的存在及其交往，才能够产生相互作用过程中的文化冲突。同样，如果没有彼此之间广泛而激烈的文化冲突，也就不会有彼此之间的渗透、整合与共融。这表明，文化冲突作为不同文化之间的相互作用，终究会在一定程度上进行文化的整合而达到一定的同一。因此，文化冲突具有辩证的两个方面，即文化冲突具有消极性，会产生危机与造成灾难；文化冲突具有积极性，是多元文化并存与共融的实现形式。

在文化冲突产生的众多缘由中，一般来说，如果文化主体之间在根本利益与文化价值观的根本取向上是对抗性的，即文化主体一方以根本否定或排斥另一方作为保存自己的充分必要条件，那么它们之间的冲突将危及文化主体的存在，或导致文化主体发生结构性变更；如果文化主体之间在根本利益与文化价值观的根本取向上是非对抗性的，即文化主体一方不必以根本否定或排斥另一方作为保存自己的充分必要条件，那么它们之间的冲突可通过某些方式的调解而得到缓和或消除，不会危及文化主体的存在或导致文化主体发生结构性变更。值得注意的是，对抗与非对抗的区别不是绝对的，二者在一定条件下是可以相互转化的，因而即使是对抗性的文化冲突，在一定的条件下也有可能达到某种同一而长期共存与发展。如社会主义文化与资本主义文化尽管在根本利益与文化价值观的根本取向上是对抗性的，但是在全球化时代"和平与发展"的主题下、在面对全球性危机这样的共同利益追求时，它们在一定程度上也能够达成共识，长期共存，共谋发展。

由此可见，一定历史发展阶段上的文化交往状况对文化冲突有着极大的影响。文化本质主义的思维方式在文化交往中往往表现为一种偏执的文化中心主义，这种思维方式在文化交往中通常既坚持着少数人的特殊利益，又夸大着不同文化之间的差异性，使文化主体之间采取互不宽容的态度，挤压他文化的生存空间，排斥他文化的存在，从而导致文化冲突的连连升级。如果说文化本质主义的思维方式的前提是狭隘的世界观，是那种不经常的、缓慢的、自在的、不连贯的地方性文化交往状况，那么，经常的、快速的、自觉的、连贯的世界性联系的形成，应该说正在为这种思维方式的解构提供历史条件。正如一位法国学者在谈到当代文化交往时说："当人生活在一个不容许对既定的态度和信仰提出质疑的封闭世界里，没有人会感觉他是依据一套'价值'而行动。他不过是做他该做的事而已。今日的情势正好相反。当代的人们遭遇到'他者'从根本上的挑战。他们知道，有时候也直接经验到，世上有种种不同的规范和价值引导人们的行为和态度，随着不同的历史、社会和文化背景而不同。因此，对许多人来说，发现'他者'的存在使得他们认为价值完全是相对的。"① 更进一步来说，世界交往的普遍建立，全球性的共同实践活动，不仅使得人们认识到价值是相对的，而且还认识到不同文化主体在相互作用的过程中需要相互尊重以进行自觉的文化整合，形成一种应对共同实践活动的"实践语言"——世界文化。可以说，全球化的文化交往状况是消解那种狭隘的文化中心主义的时代语境。认识到文化价值的相对性以及共同实践活动的诉求只是消解狭隘的文化中心主义以迎接深入文化交往的挑战的第一步。对自身文化的自觉性以及对他者文化评价的客观性是文化交往中的较大问题。因而全球化进程中的文化交往依然在现实利益驱动的本质主义思维方式下激起空前激烈与普遍的文化冲突，带来一些灾难性的后果。然而，正如疾病使人珍视健康一样，文化冲突也教会人们珍视和平与学会宽容（"文化对话"就是在全球文化交往过程中为克服狭隘的文化中心主义，消灭灾难性文化冲突所倡导的和平文化交往方式）。更何况如此激烈与普遍化的文化冲突恰好说明文化交往正在不断的深入过程中，文化之间的相互作用力正在不断的增强过程中，能够消解狭隘文化中心主义的全球性普遍联系也正在不断的深化过程中。因此，世界历史的发展进程，既是一个激烈的文化冲突的过程，又是一个超越文化差异的对立、摒弃特殊利益的争斗与克服偏执的文化中心主义的过程。文化冲突及其克服走的是同一条道路。这种自我解

① ［法］魏明德. 全球化与中国——一位法国学者谈当代文化交流. 北京：商务印书馆，2002. 35.

构过程的实质同马克思所指出的资本主义经济发展的实质一样，"在实行自由贸易以后，政治经济学的全部规律及其最惊人的矛盾将在更大的范围内，在更广的区域里，在全世界的土地上发生作用；因为所有这些矛盾一旦拧在一起，互相冲突起来，就会引起一场斗争，而这场斗争的结局则将是无产阶级的解放。"①

所以，文化冲突具有二重性。正因为如此，人类文化交往从来都没有因为激烈的文化冲突而停止前进的脚步，而总是在不断的摩擦、碰撞与冲突中实现从偶然到频繁、从间断到经常、从闭塞到开放、从区域到洲际、从民族到世界的发展。文化冲突尽管在一定范围内可以说是文化交往的障碍，但从人类文化交往的整个历史发展历程来看，它却是文化交往不断向纵深发展的开路先锋，特别是那种大规模的文化冲击，对文明形态的嬗变产生了极其深远的影响。文化作为人们对生存实践中形成的主体性的确证，是一种生存的经验与智慧。所有人都需要分享这种生存的经验与智慧，因为每个人都有人类的共性，每个人都是具有普遍需要的人类族群中的一员。不同文化之间的交往，尤其是激烈的碰撞与冲突可以使文化主体对彼此之间的生存经验与智慧有一个深切的感受，并意识到彼此之间的相互依存，从而可以在不同程度上有助于文化主体获得自我意识，实行某些方面的自我反省，以获得跨越民族国家的、国际的、甚至是全球性的广阔发展前景。可以说，没有文化冲突，就没有对自身文化认识的深化，也就没有对他文化了解的深入。在这个意义上，普遍的文化交往是民族文化走向世界、民族国家通往现代性以实现社会发展的加速器。在当下文化冲突空前凸现，文化之间关系异常紧张的背后，隐藏的正是人类对自身生存智慧进而对文化交往日益强烈的需求。激烈的文化冲突在根本上是文化交往深化但又交往不充分的结果。这一结果的克服并不在文化交往自身之外，而就在它自身之中。因为对立意味着同一，同一中才可能有冲突，越是相互冲突的文化主体越是迫切需要寻求它们之间的共同点，寻找那些"在作为整体的文明发展中出现的规则"，"那些从基本观念和价值的发展中发现的规则"，②或者寻找卡西尔所说的"基本任务"，③以此来缓和与化解冲突，推进文化交往的最终实现。否则，在这个"一荣俱荣，一

---

① 马克思恩格斯全集. 北京：人民出版社，1958，4：295—296.
② ［美］菲利普·巴格比. 文化：历史的投影. 上海：上海人民出版社，1987. 241.
③ 卡西尔认为，"人类文化的不同形式并不是靠它们本性上的统一性，而是靠它们基本任务的一致性而结合在一起的。"［德］恩斯特·卡西尔. 人论. 第2版. 北京：西苑出版社，2004. 195.

损俱损"的全球化时代,文化冲突将会把文化主体引向共同的毁灭。因此,在当前的文化交往中,人类为了不让自己所创造的文化走向毁灭或异化为自身发展的障碍物,正努力地通过各种方式寻求一种各构成部分具有复杂性和多样性的同一性,它不预先假定组成这一同一性的各不同成分具有同质性。赫拉克利特认为,斗争背后"看不见的和谐比看得见的和谐更好"。①"文化对话"就是在这样的背景下应运而生。"对于世界社会来说,一种实质上的集体认同既不可能也无必要;对全球性沟通行动的普遍参与是可以达到的最大限度。"因此,"多元主义必须成为全球体系的一个基本特征,而且这本身必须合法化。"② 只要人类不是企图让自身及文化走向毁灭,那么文化冲突作为矛盾着的对立面的斗争性就是多元文化整合、混杂的实现形式,就会成为多元文化并存与发展的推进器。

(三)平等共存:文化交往的未来走向

文化冲突作为多元文化并存与发展的实现形式,并不是全球化时代的"特产"。人类自形成部落群体而开始人类文明的征程,当某一部族的人们遇到另一部族的人,发现彼此之间存在差异时,文化交往便随之发生。虽然人们对不同族群之间存在的差异早已被认识到,但是由于人类缺少与之相伴随的文化知识,这种认知往往唤起的是一些不良习性,即对"差异"做出心存敌意的反应。早在两千年以前,希腊剧作家埃斯库罗斯就已经很好地表达了这种对"差异"的反应——"人们动不动就责怪异族人。"直至今天,这种责怪仍然是社交与政治辞令的重要组成因素。如"移民导致了美国所有的社会与经济问题"等。尽管如此,人类的文化交往还是在这种对"差异"的认知中持续地发展着。有差异就有对立、排斥或否定,因而,文化冲突一直以来就是文化交往的必然方式,特别是在文化交往促成文化发生重大变革的时候,文化冲突是推动着文化由一种质态向另一种质态飞跃的"文化阵痛",是文化交往实现文化发展与进步的必要手段。尽管这一点在全球化时代的文化交往中备受质疑与诟病,但是从历史发展的过程来看,只要有文化交往,就必有文化冲突,文化交往是客观存在的,文化冲突就是不容质疑与否认的,它与文化交往进而与文化的发展携手并进。在文化交往持续发展与参与文化交往

---

① 转引自〔德〕恩斯特·卡西尔. 人论. 第2版. 北京:西苑出版社,2004. 195.
② 〔美〕罗兰·罗伯森. 全球化. 上海:上海人民出版社,2000. 107,108.

的诉求不断增强的历史过程中，正是文化冲突，为不同文化提供了存在的理由，不仅反映着多元文化并存的根本诉求，而且体现着多元文化多样化发展的未来趋向。文化交往无论从形式上还是从内容上来说，都不可能以一种没有冲突的"和谐"来进行。哈贝马斯说："文化要想富有生气，就必须从批判和断裂中获取自我转化的力量。"① 因此，文化冲突是不可避免的，也是不会消失的。多元文化在交往中通过文化冲突的洗礼，不仅使原有的多元文化发生不同程度的改变，推动着原有文化的发展，而且还产生出新的文化特质，推动着多样性的新文化的发展。新文化总是破茧于文化冲突，而后又在新的文化冲突中改变自身，产生新质，循环往复，以至无穷。由此可见，文化冲突是一个否定之否定的过程，通过聚合着多元文化的多样性诉求的矛盾运动为人类文化的发展开辟道路。

在全球化时代的文化交往中，文化冲突的凸显，正是人类文化走向多元化与实现多样性发展的重要表现方式。全球化时代的文化交往实践要求并创造着一种普遍性的全球文化。但是，这种普遍性的全球文化并不是通过文化输出来实现的一种文化形式的独霸世界，也不是一种"大一统"的文化构想，而只是在全球化的文化交往中实现的各地方性文化的全球性并存与共融。这即是说，全球文化不可能是对民族文化的否定，不可能是撇开民族文化的天马行空。因而在全球性的文化交往中，即便发生着激烈的文化冲突，也不可能完全造成民族文化发展史的断裂，而只能是促使民族文化不断获取创新性发展的机会，并在此基础之上实现多元文化的并存与共融。可见，文化冲突作为不同文化之间的斗争性，奠定的是不同文化之间并存与共融的基础。任何以全球文化的诉求来消解多元文化存在合法性的企图，都必将在文化冲突中、在多元文化的相互作用过程中走向失败。"行为体之间增长着的互动关系创造了不同的文化与个性，以及全球文化。文化全球化的进程越长，越会造成更多的文化同质化，以及文化分离化和行为者认同。"② 全球文化的"文化体验和识别的风格是受制于错综复杂的、多种形式的相互关系、渗透和文化变异的，而正是这些因素塑造了我们当下的现代性阶段的全球化。在这个进程当中，不仅会有差异、更为复杂的认同感的立场而且同样还在出现不同的

---

① ［德］尤根·哈贝马斯. 民主法治国家的承认斗争. 汪晖，陈燕谷主编. 文化与公共性. 第2版. 北京：三联书店，2005. 359.
② ［日］星野昭吉. 全球政治学. 北京：新华出版社，2000. 199.

文化识别的样式"。① 所以，文化交往越深入，文化冲突越凸显，就越突出多元文化并存的复杂形势与多样形式。

如何在激烈的文化冲突形势下推进多元文化并存与共融的局面呢？如果因为文化冲突所凸现的多元文化并存而选择暴力对抗的话，从长远的历史过程来看，其结果只能是人类文化的灭绝。在文化交往中，任何文化主体在充分展示自身文化特质的同时，都会不自觉地用带有自身文化标准的"有色眼镜"去看交往中的他文化，并出现一些对他文化的误读或不正确理解。这本来是完全正常的现象，否则就不可能出现文化的冲突。问题在于，如果坚持以这种冲突的形式来表征多元文化并存的话，那么只要作出这种理解的文化主体都会内在地自认为是正当的、合理的，并以帝国式的傲慢与偏见与他文化相互对峙。文化主体蜷缩在自己的文化视界中，对外界的置若罔闻、漠视甚至不尊重使得文化交往犹如平行线而无从相交。毫无疑问，这种表征文化多元化的方式实质上是以一元的强硬手段来对多元文化并存的无情扼杀！

然而，人类毕竟是理性的主体，在通过审慎的思考与选择之后，是不会轻易地让自己所创造的文化走向灭绝的，因此，文化交往不仅需要相互尊重、彼此宽容而走向多元文化并存，而且多元文化之间还需要在相互宽容的基础上相互采借而走向共融。萨托利认为，宽容与多元主义有着密切的关系。"多元主义以宽容为前提，也就是说，不宽容的多元主义是假多元主义。……宽容尊重各种价值，而多元主义设想各种价值。多元主义坚持这样的信念：多样性和异见都是价值，它们使个人以及他们的政体和社会变得丰富多彩。"② 在这里，真正的多元主义必须把握的一个要点是相互性，是不同文化之间的相互尊重、宽容与有取有予。这不仅是由于"天下没有免费的午餐"，而且是因为只有这样，才能摒弃那种对外界置若罔闻的文化本质主义，进而充分展示与采借不同文化的丰富性与现实性，克服文化交往走向消极的关节点——文化冲突，真正实现文化交往对于人类生存与发展的意义和价值。

---

① ［英］约翰·汤姆林森. 全球化与文化. 南京：南京大学出版社，2002. 152.
② ［美］萨托利. 民主：多元与宽容. 刘军宁，王焱编. 直接民主与间接民主. 北京：三联书店，1998. 53.

第五章　中国文化的现代化路径反思

在全球化进程中，昔日隔绝之世已成会通之世，普遍的文化交往为文化冲突推进多样性文化的创新发展提供了广阔的历史舞台。中国文化在普遍的文化交往中与外来文化互相激荡、融通，踏上了推进传统文化创新发展的漫漫长路。"中国传统文化从来都不是被动吸收外来文化，而是把外来文化加以'中国化'，纳入中国固有的思维模式之中，以保持中国的固有发展格局与方向。"[①] 然而，在全球化浪潮下，面对着强势的外来文化以及超越平等互利原则的文化交往，中国文化应如何选择自身的发展道路以便既扬弃文化交往的消极因素又实现文化交往的意义和价值呢？自十九世纪中叶以来，中国的先进分子对处于弱势生存境况下的中国文化的现代化路径作出了各种探索，这些探索对中国文化的未来之路有着重要启示，即客观审视全球化时代的文化交往对中国文化现代性发展的影响，树立适应当前文化交往状况的文化自觉心态——弘扬民族传统文化的独特价值、涤除其陈腐落后的诟病，在文化交往中走综合创新的文化发展之路。这一认识是中国文化走向现代性的必要前提。

一、双重效应：全球化的文化交往对中国文化的影响

全球化时代没有世外桃源。任何一种文化都必然处于普遍的文化交往关系中，任何文化的现代性发展都必然涉及多元文化之间的交往。虽然对称的文化交往从来都是一个神话，但不可否认文化交往始终是多元文化自身发展

---

① 罗荣渠. 现代化新论——世界与中国的现代化进程（增订版）. 北京：商务印书馆，2004. 284.

与进步的"交往场"。因而,"不怨胜己者,反求诸己。"积极参与全球化的文化交往实践,自觉吸收他文化优秀的文明成果,才能实现自身文化的发展。参与不一定成功,但不参与则注定是失败。中国文化必须勇敢面对全球化的文化交往实践给自身现代化发展带来的机遇与挑战。

(一)开启新的精神之源

人类历史的发展表明,不同文化之间的交往是人类文化发展的里程碑。中国文化之所以悠长而强劲,正是由于它在与他文化交往的过程中,不断地吸收他文化的优秀因子,使自身得到不断的丰富与更新。纵观中外文化交往史,中国文化在与外界的接触中,先后容纳了中亚游牧文化、波斯文化、印度佛教文化、阿拉伯文化、欧洲文化。其中与印度佛教、西方现代理性主义文化以及马克思主义思想文化的交往,对中国文化的发展产生了重大影响。尤其是马克思主义的思想文化,改变了中国社会的文化面貌,使中国传统文化实现了华丽转身,形成了当代具有中国特色的现代性文化。同理,当代中国文化要实现自身可持续的现代性发展,就必定要在已经普遍建立起来的文化交往实践中借多极文化主体之镜来反观自身。这意味着,全球化时代的文化交往为中国文化的现代化发展提供了前所未有的机遇。

文化交往的普遍建立,拓展了中华民族的视界,推动与加速中国文化的现代化进程。中国文化的发展形态不仅是由历史时间意识决定的,有着深厚的传统文化的积淀;同时也是由空间视域决定的,即通过与他文化的交往而得以拓展。"当今思想面对的不是某一个国家或某一个民族,而是要面对全世界,它就不可能不吸收其他民族文化的某些因素,不可能没有全球化的视野。"[①] 文化交往的全球化,打破了文化主体过去那种狭隘的民族性的或地域性的视界,使文化主体能够用一种全球的眼光来环顾世界与审视自己,认识到任何特殊性文化都不过是人类社会多元文化中的一元,不可能尽善尽美,也不可能解决人类社会存在的一切问题,更没有放之四海而皆准的绝对真理,从而在实践中迫使自身逐渐摒弃过去那种狭隘的文化本质主义观念,走出偏执的文化中心主义,以全球意识关照自身,在多极文化主体的交往中取长补短,实现自身文化与世界优秀文化成果的合理"对接",走出具有自身特色的

---

① 汤一介. 新轴心时代的中国文化定位. 中华孔子学会、云南民族学院编. 经济全球化与民族文化多元发展. 北京:社会科学文献出版社,2003. 7.

现代化发展道路。中国文化的现代化征程正是在与西方现代性文化的交往实践中启航与推进的；具有中国特色的社会主义新文化正是在中西文化交往实践中产生与发展的。

文化交往的深入发展，培育着文化主体宽容的文化心态，有利于建立和谐的文化交往关系，为多元文化创造着良好的发展环境。文化交往传递的是人的主体性活动的成果，具有增加知识与传播知识之功用。更为重要的是，文化交往通过主体性追求的不同意义指向的相互交换与相互作用来提升人类的某种生存状态，以实现人类的意义世界。这一过程不是自发的过程，而是一个自觉运用理性的过程。然而，长期以来，文化主体往往把文化交往作为一种为己谋取经济利益与政治权利的手段与工具，其结果总是背离人类文化交往本身的意义诉求而使文化交往的现实滞后于时代的要求，导致激烈的文化冲突，严重阻滞人类社会及人的发展。随着文化交往的普遍建立与深入发展，文化主体在交往中强烈地意识到，文化是人的"身份证"，人与文化并非工具性关系，人本来就是文化的产物，处于文化之中，而文化又始终只是人的文化，人与文化血肉相连。因而，在时代的变迁中能够不断更新与发展的任何文化皆有无限丰富的内涵，是不会从根本上被其他文化所取代的。文化交往只能是一个基于宽容和理解来构建意义世界的过程。"文化是对话，是交流思想和经验，是对其他价值观念和传统的鉴赏。"[①] 普遍的文化交往凸显着这一现实。只要尊重这一现实，和谐的文化交往关系就不会是困难，中国文化就能够在全球文化交往中顺利地发展。

全球文化交往是多元文化展示自身魅力的新平台，为中国文化走向世界开辟着道路，为中国文化的现代性发展提供着丰富的精神资源。近代以来，西方现代性文化最早通过全球文化交往取得了世界性意义，它使整个时代处于现代化的漩涡之中。西方现代性文化的主导精神是工具理性，集中于物质条件的完备——人类在利用自然的过程中获得了巨大的物质满足，在社会生活的量化管理与组织中获得了较高的效率。可以说，没有工具理性就没有现代社会。然而，随着工具理性的日益张扬，人与自然、人与社会、人文主义精神与工具理性精神以及精神自足与物质欲求之间的矛盾与对立不断地激化，以至于人的物化状态本身成为人在意志与无意识层面反感和厌倦的生存处境。

---

① ［美］欧文·拉兹洛. 多种文化的星球. 北京：社会科学文献出版社，2001. 205.

在这种情势下，西方现代性文化试图借助于自我超越的力量实现文化的转型，后现代性应运而生。然而，后现代性不是"现代性之后"，它并不反对现代性，也并不否定现代性的存在，而是在欣赏现代性所带来的巨大物质成就的同时，对现代主义的一元论、绝对基础、惟一视角、纯粹理性以及文化中心主义等进行大刀阔斧的解构。这种解构没有指向，不可能超越现代性，因而只是现代性的伴随产品、批判性话语。尽管现代性与后现代性之间不乏重建性的互动与对话，但这种囿于西方文化视域内对现代性姿态上的反叛与修复性的批判是不足于实现现代性文化转型的。现代性文化具有世界性意义，启蒙精神至今仍是人类孜孜以求的现代性精神，因而西方现代性文化的困境实质上是人类文化的困境。对西方现代性文化的超越必然要进入一种全球性的视界。作为世界多元文化体系中的一元，中国文化毫无疑问应该成为这种全球现代性转型中不可离弃的资源。汤因比与日本学者池田大作在《展望二十一世纪》的著名对话中指出，儒家"所主张的仁爱，……是今天社会所必需"，"墨家主张的兼爱，过去只是指中国，而现在应该作为世界性的理论去理解。"[①] "将来统一世界的人，就要像中国……一样，要具有世界主义思想。……世界统一是避免人类集体自杀之路。"[②] 当代中国文化"以人为本"的价值诉求无疑是具有世界主义的价值目标。当然，这并不意味着中国文化是拯救现代性文化危机的完备方案，而是旨在强调全球现代性转型（包括中国的现代性转型）应该是多元文化在全球意识的观照下相互调适的过程，每一种文化都应该出现在全球性文化形成的过程中，并为全球性文化的形成贡献自己的力量。因此，全球文化交往为中国文化提供了展示自己文化特质的舞台，搭起了通往世界文化的桥梁，同时也为中国文化的更新与发展提供了最丰富的思想文化资源。

（二）迎来巨大的冲击与挑战

马克思在《德意志意识形态》中指出，一个阶级是社会上占统治地位的物质力量，同时也是社会上占统治地位的精神力量。支配着物质生产资料的阶级，同时也支配着精神生产资料。主导着全球化进程的西方发达国家，在

---

① ［英］汤因比，［日］池田大作. 展望二十一世纪：汤因比与池田大作对话录. 第2版. 北京：国际文化出版公司，1997. 411.
② ［英］汤因比，［日］池田大作. 展望二十一世纪：汤因比与池田大作对话录. 第2版. 北京：国际文化出版公司，1997. 284.

经济上的支配性地位决定了它们在文化交往中的强势地位。而像中国这样正处于现代化发展初级阶段的发展中国家,由于经济上的不发达而只能在文化交往中处于被动的弱势地位。根据文化交往的信息流总是由高向低流动的普遍规律来看,这种"不对称"的文化交往给中国文化的现代性发展带来极大的冲击。

在全球化的文化交往中,发达国家凭借其雄厚的经济实力和先进的科学技术实现了传媒的国际化,在全球不同类型的传播渠道中,充塞着大量的西方现代性文化信息,文化交往在很大程度上变成单向的文化输出,消解着中国文化的价值观与文化精神。文化的单向输出使西方的现代性文化精神可以渗透到世界各国,文化的全球性特征体现为"西方性"特征。特别是当下浸润着后现代精神的西方大众文化的扩张可以说是销蚀他文化精神的主要力量。詹明信指出,后现代主义是作为文化的主导而存在的,表现为无任何未来感的"这个思想的完结和那个主义的消逝",是一种具有"决裂性"的文化逻辑。它给人"一种缺乏深度的全新感觉","一种愈趋浅薄微弱的历史感","一种崭新的'精神分裂'式的文化语言","一种全新的情感状态"。[①] 作为"大众欺骗的启蒙"[②],西方大众文化以大量的技术复制品从"旧时王谢堂前燕",如今"飞入寻常百姓家",以无孔不入铺天盖地之势把我国的广大民众包裹在西方文化信息潮中,把他们淹没在这种喧嚣四起的西方平民文化和由各种影像构筑的仿真世界中。文字让位于图像,思考让位于直觉,虚幻的形象置换真切的现实,形象化生存取代真实的生存,心灵的玩味和孤独的冥想失去存在的地盘。广大民众在这种文化的熏陶中不自觉地改变着文化心态、知识结构乃至世界观。中国文化在社会文化生活中的话语权岌岌可危。可见,西方现代性的大众文化堂而皇之地消解的是文化的个性,肢解的是文化的精神,一切都将归于平面化、模式化。在人类文化交往实现了世界化和自由化的今天,这样肆无忌惮的文化输出对中国文化的现代性发展是极其危险的,一旦中国的民族文化精神被肢解,中国文化将失去文化的特性,丧失文化传承的能力,中国文化的现代性转型将会成为无源之水、无本之木。

进一步来说,不对称的全球文化交往向中国文化的主导文化价值观提出

---

① [美] 詹明信. 晚期资本主义文化逻辑. 北京:三联书店,1997. 420—433.
② [德] 马克斯·霍克海默,西奥多·阿道尔诺. 启蒙辩证法(哲学断片). 上海:上海人民出版社,2003. 134.

了挑战。文化价值观是文化精神的体现，是人的精神观念客体化以及客体世界主体化的纽带和桥梁。任何文化的发展变化都是在一定的文化精神的基础之上不断地调整自己，以适应外部环境的变化。中国文化的现代性发展是一个在西方现代性压力下既有变革性又有继承性的过程，换句话说，中国文化及其主导文化价值观是在传统性与现代性的矛盾运动中建构起来的。传统文化代表文化的民族性，现代化代表文化的时代性。二者既体现历时态的文化交往又体现共时态的文化交往。一方面，中国式的现代性不可能离开传统而"无中生有"，需要从传统文化中获取民族精神；另一方面，中国文化的现代化形态不可能完全在原有传统的基础上进行，需要借助于西方现代性文化因素来实现自身的创造性转换。当代中国文化正是在引进西方现代性先进文化，变革传统文化并凭借传统文化内蕴的精神动力来整合而成的新的文化形态，在文化传统、意识形态、社会制度以及国家利益等方面与在文化交往中居于强势地位的西方资本主义国家的现代性文化存在明显分歧，因而成为西方社会进行文化倾销与文化渗透的主要目标。

首先，针对中国文化后发的现代化进程，西方发达资本主义国家利用先进的信息网络技术及遍布全球的传播媒介极力制造"现代化"的神话，[①] 美化西方的现代性及其文化，将之视为所有发展中国家及社会的最理想的模式，抵毁发展中国家具有自身特色的现代性发展模式，消解它们引导自身现代性发展的主流文化价值观的合法性。自由、民主、人权等作为一种未竟的启蒙理想，是全人类共同的价值理想。但在"人类社会的史前时期"，它们只有作为一种理想的政治取向、一种抽象的意念才具有普遍性。因而西方现代性文化中的"自由"、"民主"、"人权"等是必须在资本主义社会的构架中才能完成的，是一种存在于西方社会中的意识形态主宰。在文化交往中，西方现代性文化积极推行的自由、民主、人权等只是借"文而化之"的美词，它通过高度细分的管理结构操作、科学知识的技术化及其所带动的工业化、城市化及大众传播引发的均质化来倾销西方发达的资本主义国家的意识形态，其目的是把像中国这样的发展中国家的主导文化价值观推向边缘化。所以，在现代化发展的模式上，率先实现现代化的西方发达国家总是以"最惠国待遇"等为饵，对发展中的中国进行经济与文化渗透，诱使接受它们所推行的现代

---

① 叶维廉. 殖民主义·文化工业与消费欲望. 张京媛主编. 后殖民理论与文化批评. 北京：北京大学出版社，1999. 371.

化发展模式。

其次，针对当代中国主流的文化价值观，西方发达的现代性文化，特别是大众消费文化在消解我国主流的文化价值观上扮演着重要角色。西方发达的大众文化具有较强的解构功能，是西方发达国家对外进行政治宣传、推行意识形态、审美文化及其素质教育的载体。美国中央情报局在对付中国的《十条诫命》中明确指出："一定要尽一切可能，做好宣传工作，包括电影、书、电视、无线电波和新式的宗教传布，只要他们向往我们的衣、食、住、行、娱乐和教育的方式，就是成功的一半。""一定要把他们的注意力、从他们以政府为中心的传统引开来，让他们的头脑集中于：体育表演、色情书籍、音乐、游戏、犯罪性的电影，以及宗教迷信。"[①] 和平演变战略的始作俑者杜勒斯说，只要我们教会苏联的年轻人唱我们的歌曲并随之舞蹈，那么我们迟早将教会他们按照我们所需要他们采取的方法思考问题。[②] 这样的文化交往无不彰显出西方现代性文化拆解我国主导文化价值观念体系的意图。文化交往实践领域成为了新的思想文化斗争阵地，中国的主导文化价值观念体系面临着严峻挑战。

文化不仅具有政治宣传与意识形态功能，它同时集消费功能、经济功能等于一身。在文化交往中，强势文化不仅冲击着中华民族传统文化精神与当今中国社会的主导文化价值观，而且冲击着我国经济领域中新兴的文化产业。文化产业是大众文化产业化的产物，是以文化产品及文化活动为主体对象，从事文化的生产经营、开发建设、流通消费、有偿服务的产业门类。[③] 在文化交往中，文化产业作为文化竞争力的重要组成成分，关系着一国文化的发展，在一定程度上体现着文化作用于人的规模与范围；在经济发展系统中，它所占的份额越来越大，日渐成为社会经济发展的重要力量。我国的文化产业是为了满足当代中国科学的、民族的、大众的文化建设的需要，在经济体制转轨的过程中形成发展起来的，具有初级性、艰巨性、不平衡性以及优长性等特点。西方发达国家，如美国，其文化产业是作为意识形态渗透的桥梁和经济发展的支柱产业来发展的，目前已经超过了飞机、汽车等传统产业而成为出口的第一大产业。在文化交往中，文化主体之间的强弱势对比是明显的。

① 转引自柳礼泉主编. 撞击与升华——改革实践过程中对人们思想的影响. 长沙：湖南大学出版社，2002. 188.

② 转引自刘伟胜. 文化霸权概论. 石家庄：河北人民出版社，2002. 33.

③ 柯可主编. 文化产业论. 广州：广东经济出版社，2001. 34.

2004 年的中国行业发展报告指出，2003 年我国累计出口书报刊 766.05 万册，总金额 2330.34 万美元；而累计进口书报刊 1877.46 万册，总金额达 14608.27 万美元。出口音像电子出版物累计 132.73 万盒（张），总金额 139 万美元；音像电子出版物进口累计 104.02 万盒（张），总金额达 2272.64 万美元。[①] 这些数据说明，在文化交往中，境外文化产品是像"洪流"一样大量地、高额地流入我国文化市场的，而我国流向域外的文化产品总体来说技术含量低端且像小溪流一样十分有限，这种状况给当代中国文化的继承与发展造成影响，也给经济的发展带来极大的冲击。中国的文化产业面临着极大的挑战，承受着巨大的压力。

二、文化自觉：认识中国文化秉性与适应时代文化需求

中国文化如何应对全球化时代的文化交往呢？费孝通先生提出并倡导了"文化自觉"。"文化自觉"是一种对待人类文明的姿态，包含知性、理智、宽容、反思等诸多意蕴，是在全球文化交往中所体现出来的一种自主、自知、自信与自觉的主体意识。按照费孝通先生的意思，所谓"文化自觉"，是指生活在一定文化中的人对其文化有"自知之明"，明白它的来历、形成过程、所具的特色和它发展的趋向，目的不在于"文化回归"或"复旧"，同时也不在于"全盘西化"或"全盘他化"，而在于加强对文化转型的自主能力，取得决定适应新环境、新时代时文化选择的自主地位。[②] 对于中国文化的现代化来说，既要继承传统，又要利用普遍建立起来的文化交往来吸纳优秀的现代性文化因子。从中国文化现代性发展的历史进程来看，文化自觉有两个明显的关节点：一是正确认识中国文化的现代化发展与传统文化的关系；二是全面了解与把握现时代的文化需求以及这种需求的可引导性，即正确认识中国文化的现代化发展与西方现代性文化的关系。

中国文化的现代化发展必须继承传统文化。"现代化作为社会变化的一种进程，不可避免地要和传统文化发生互动"。"与其说现代化是与传统文化的决裂，还不如说它在实质上是传统的制度和观念在科学和技术进步的条件下

---

① CEI 中国行业发展报告（2004）——传媒业. 北京：中国经济出版社，2005. 49.
② 费孝通. 反思·对话·文化自觉. 北京大学学报（哲学社会科学版），1997，3：22.

对现代社会变化做出的功能上的适应。因此，现代化理论的首要任务是从各种社会内部的文化传统本身出发，加强对文化传统的研究。"① 可以说，对传统文化是否珍视俨然成为一个国家或民族能否在现代化浪潮中生存与健康发展的重要标尺。中国传统文化内容丰富，源远流长，承载着中华民族几千年的集体记忆与精神寄托，是维系中华民族团结统一的根基和纽带。丹尼尔·贝尔认为，"传统在保障文化的生命力方面是不可缺少的，它使记忆连贯，告诉人们先人们是如何处理同样的生存困境的。"② 因而不管人们是否意识到，传统文化"在我们有能力对它进行反思或者抗拒之前便已经占据我们心中"，③ 是人们挥之不去的梦魇，必定要成为中国现代性文化的有机组成部分。倘若人们听天由命地任传统文化按照自身的逻辑自发地演变与发展的话，那么各种恰当的和不恰当的思想意识、价值取向都将以一直延续传承的传统文化作为合法性外衣，以不需要反思的方式在显意识层面与无意识层面进入新的历史时期。这种泥沙俱下的继承方式，显然不是人们所追求的。无论从人的存在的不断超越本性来看，还是从时代发展的要求来看，对待传统文化，必须对其有所了解、有所反省，在批判中继承，才能使其沿着一条自觉的道路尽可能地健康发展。虽然人们不能挑选自己的传统文化，但能够决定如何延续传统文化。

如何继承传统文化，从"五四"运动以来一直是讨论的热点。这是一个看似简单实际上相当复杂的问题，因为对传统文化如何继承的问题是在西方现代性文化的冲击下彰显出来的。回首中国百年文化史，传统文化始终处于西方现代性文化潮流的压力之下，始终处于与西方现代性文化不断冲突与不断整合的历史过程中。这种状况使得传统文化传承的封闭空间被打破，传统文化为了自身的生存发展被迫进行现代化转型。很显然，传统文化的现代化转型是对强劲有力的西方现代性文化冲击的回应。西方现代性文化除了具有西方民族性的东西外，还具有全人类意义的因素。在这种情况下，传统文化现代化转型的突出要务不仅是要将历史意识与时代意识相结合，而且还要将民族意识与世界意识相结合；既要引进西方现代性文化，又不可能照抄照搬使之直接成为中国的现代性文化；既要变革传统文化，又要从传统文化中获

---

① ［美］西里尔·布莱克. 比较现代化. 杨豫译. 上海：上海译文出版社，1996. 译者前言 5.
② ［美］丹尼尔·贝尔. 资本主义文化矛盾. 赵一凡等译. 上海：三联书店，1989. 24.
③ 吴冠军. 多元的现代性. 上海：上海三联书店，2002. 304.

取文化精神并借助于这种精神动力来进行文化创新、完成文化变迁。文化精神是文化创新的"永动机"。文化精神是文化变迁中传承与创新的焦点。尽管在不同时代文化精神有着不同的时代内容，但它们始终能够推陈出新、与时俱进。因此，传统文化精神具有永恒的意义，是不受时代和地域限制的可适用于天下之通义。中国传统文化精神主要有：天人合一——人与自然的和谐构建，人是自然界的一部分，人可以认识自然并加以改变与调整，但不应该破坏自然，避免人与自然的离异，使自然在人面前得到充分的尊重，人与自然处于和谐的会通关系中；以人为本——人与人之间的和谐构建，人不是宇宙之本，而是社会生活之本，避免人与人之间的离异，使人与人之间相互尊重，人与人处于和谐的共生关系中；刚健自强——即不懈努力，是关于独立意志、独立人格和为坚持原则牺牲个人生命的思想，体现人的精神存在的超越性；以和为贵——即多样性的统一，主张容纳不同意见，在博采众长、吐故纳新的过程中实现发展的连续性。① 在文化交往中，这些传统文化精神尽显中华民族的本质与特点，并以对人的终极关怀及形而上的追求所体现的生存智慧走向世界而具有世界性的重要意义。中国文化继承与发展传统文化的必然性就在于传统文化精神所具有的这种不断"膨胀"的生命力。

不可否认，"传统是一种巨大的阻力，是历史的惰性力。"② 中国传统文化历经悠悠岁月的积淀，特别是历经两千多年封建社会的铸造，难免有许多历史的尘垢。如纲常名教观念、尊卑等级思想，不仅与广大人民群众当家作主、充分享有民主与自由的权利格格不入，而且与现实的社会生活背道而驰；宗法关系与小农意识，不仅使人难以挣脱血缘亲情关系的羁绊，而且压抑人的个性与才智，难以激发开拓创新的精神；"天不变道亦不变"的守成历史观，常常以发思古之幽情的思维方式美化过去，"以既往的文化成果为依归，以先人遵行的传统为安身立命的圭臬"，"一切以古圣先贤的言行为楷模，从历史中寻找修齐治平的依据，按照古人既定的原则办事"，③ 从而让未来服从过去，让现时回归历史；等等。这些以自然经济为基础的、根植于十分成熟的中国传统农本社会的内在的经验式文化结构，虽然是附着于文化传统之上的"近枝"或"远蔓"，但却是很难铲除的文化基础与甩不掉的传统尾巴。究其

---

① 张岱年. 文化与价值. 北京：新华出版社，2004. 212—220.
② 马克思恩格斯选集. 第2版. 北京：人民出版社，1995，3：717.
③ 李宗桂. 传统文化与人文精神. 广州：广东人民出版社，1997. 27，28.

原因，在于这些尘垢以自在的缺乏反思的方式在同一经济基础范围内繁衍传承数千年，已成为一种不假思索的、无所不在的、安身立命的文化本能，具有"超稳定结构"。在文化交往中，这种"超稳定结构"通常能够释放出包容一切现存、摧毁一切异端、铲除一切革新、同化一切差异的巨大力量，甚至可以使传统文化精神的有效发挥被消解、融化、蒸发、变形与扭曲。如果没有充分认识到中国传统文化所具有的如此巨大的历史惰性力，那么纵然是激进的文化变革，如"五四新文化运动"、"文化大革命"等，都不足以兑现传统文化的现代性转型。"这种铲不掉、摆不脱的文化基因耗尽了许多文化启蒙者的热情，把许多胡适们从文化激进主义者又拉回到文化保守主义的路线上。"① 因此，在继承传统文化的过程中，文化自觉的必要性在于充分认识到这种文化现代性发展的阻滞力，从根基上对其进行干预，使传统文化精神的更新发展及其走向世界具有现实的可操作性。

中国文化的现代化发展源于与西方现代性文化的交往。因而文化自觉性的要求在于根据时代的文化需求创造出一条真正切合自身发展的文化之路。近代以来，中国文化遭遇到西方现代性文化的冲击和挑战，中国文化面临严重的危机。继十九世纪中叶西方用武力打开中国大门引发"西学东渐"的高潮之后，新文化运动又再掀中西文化交往的高潮。在这一历史阶段上，中国文化现代化在西方现代性文化的作用下经历了由器物层面、制度层面向观念层面的转变。特别是新文化运动，推动了文化现代化在观念层面的实践。但是，新文化运动有着明显的缺陷。新文化在本质上是一种资本主义的新文化，而资本主义在中国是行不通的，这就注定了资本主义的现代性文化不会最终实现中国文化的现代化。此时，十月革命的一声炮响，送来了马克思主义，使一部分正在困惑中的新文化运动的领导者最终选择了马克思主义，从此中国文化的现代化发展发生了方向性的转折，并在一定程度上实现了中国现代性文化的自我建构与发展。作为舶来品的马克思主义，本质上是西方现代性的产物。但是，较中国文化现代化发展过程中遭遇的无数"西学"来说，马克思主义更适合中国社会的发展和需要。因为在众多西学与中国传统文化交往的过程中，马克思主义思想文化与中国传统文化中的进步要素具有价值契合点和学理上的相似性，甚至是文化传播规律的客观要求，② 因而它给中国

① 衣俊卿. 现代化与文化阻滞力. 北京：人民出版社，2005. 47.
② 陈金龙，陈岸涛. 马克思主义中国化概论. 北京：人民出版社，2005. 11.

传统文化的创新发展带来较少的文化震撼与文化错位。这表明，马克思主义思想文化是减少中国传统文化变迁阵痛的可选择范式。人类学家泰勒认为，"人们所需要的不是高级的文明产品，而是某种适合于他们情况的和最易找到的东西。同样的规则也适用于接受新的文明和保持旧的文明。"① 从此，马克思主义为中国文化现代化发展开辟了新的道路，为中国新形态的现代性文化指明了方向。

随着全球文化交往的深入推进，文化交往发展的新趋向成为中国文化发展与完善的根本立足点。中国文化的现代化发展在西方现代性文化的压力下发轫，又在殖民主义和帝国主义扩张所形成的附庸体制的背景下行进。中国文化的现代化发展有着前所未有的紧迫感与压力感。这种压力在经济上表现为形成了以西方发达国家为主导的全球化趋势，在文化上有意识地潜伏着西方现代性文化同化非西方文化的一厢情愿。这种情形给中国文化的现代化发展提出了新的要求。首先对西方现代性文化来说，这是一个如何有效地同化他文化的过程，也是一个如何有效地解决技术理性的扩张所带来的现代性文化困境的过程。其次，对于中国文化及其现代化发展来说，这是一个如何应对西方现代性文化的影响，以及在这种影响下如何实现自身文化的发展，并以此超越西方现代性文化而走向世界的过程。在两种不同取向的"现代性"文化的交往过程中，通过彼此之间的相互观照，通常在彼此之间引起共同反响的方面即发展问题上会孕育出一种兼而有之的新文化。这种"新"绝不是补缺性的相互挪用而拼接出来的，而是以对方为反观之镜、审时度势地结合自身文化的特质进行自我加工与改造的结果。西方现代性文化的困境如人与自然的冲突、人与社会的冲突、人与人的冲突、人的心灵的冲突以及不同文化之间的冲突，是当今人类社会发展所遭遇的共同课题。中国文化所蕴涵的文化精神恰好可以为其提供有价值的资源；而中国文化现代化发展所指向的理性追求，西方业已实现的现代性文化又恰好可以为其提供丰富的经验与教训。这种彼此需要的特性是全球文化交往中的不同文化之间的关联性，它在全球化时代进入文化主体眼帘的方面明显有别于其他时代，因而这种关联性具有强烈的时代性，是由特定时代的交往实践所建构的，是文化交往深入推进进程中文化自觉的指向性标识，是中国文化的现代化获得创新发展的切入

---

① ［英］爱德华·泰勒. 人类学——人及其文化研究. 桂林：广西师范大学出版社，2004. 18.

点。任何文化在文化交往中只要找到这一切入点并以之来重新审视自身，就会在全球化时代的文化交往中抓住发展的契机，为自身文化的发展开辟新的道路。

三、综合创新：中国文化发展的必由之路

文化自觉的目的在于推动中国文化的现代化发展，在于解决好历史意识与时代意识、民族意识与世界意识的关系。前者着重解决传统文化如何传承的古今问题，后者主要回答传统文化如何创新的中外问题。这两个问题，自近代中国文化发展被纳入世界性的文化交往体系以来，就紧紧地纠缠在一起，以至于对中国文化的自觉直接体现为如何对待外来文化特别是西方现代性文化的问题。由于推动中国文化现代化发展的矛盾——现代与传统的矛盾的复杂性，导致人们对中国文化现代性建构的理解与实践呈现出多种倾向。这些倾向作为关于中国文化的现代化发展的"自觉"意识，围绕着西方现代性文化与中国传统文化的关系，提出了全盘西化论、中国本位文化论以及综合创新论。这些"自觉"意识对于如何进行文化的传承以及如何建构新的现代性文化等焦点问题作出了不同层面的思考，分歧迭出，体现了中国文化现代化发展的不同路径。

（一）全盘西化论

在文化交往中，如果说强势文化对弱势文化具有一定的导向性意义的话，那么这种导向性走向极至的表现是弱势文化力求与强势文化同质，抛弃自身传统文化，具有民族文化虚无主义的倾向。中国文化现代化是外源性现代化，不可能像西方现代性文化那样"推陈出新"地自然形成。在这个意义上，中国文化现代化发展过程中的"古今"问题其实是一个"中外"问题。现代化等同于西方化，西方现代性文化向中国传统文化展示的是中国文化现代化发展的未来景象。从这个角度来形成对中国文化的现代化发展的自觉意识自然是一种文化的再植意识或者文化的嫁接意识。上个世纪二三十年代的胡适、陈序经到八十年代的金观涛及电视政论片《河殇》等，都是这一思想倾向的代表。

　　全盘西化论认为中国传统文化是中国衰弱落后的根本症结，是阻挡中国实现现代化的罪魁祸首。中国要实现现代化，一方面必须完全西方化，另一方面必须彻底剔除中国传统文化，就像切除癌症患者机体上的毒瘤一样将之从中国剥离出去。自中国开始现代化征程以来，针对中国的现代化发展路径，全盘西化论有过三次高潮。第一次是二十世纪二十年代前后的新文化运动和"五四"运动时期，以陈独秀、胡适、鲁迅、钱玄同等为代表，主张"打倒孔家店"、"推倒吃人礼教"等。第二次是二十世纪三十年代"全盘西化"与"中国本位"的大论战，以胡适、陈序经等为代表，主张"全盘西化"或"充分世界化"。胡适在 1935 年 6 月 21 日《大公报》发表的《充分世界化与全盘西化》一文中"主张全盘西化，一心一意的走上世界化的道路"。[①] 他认为，西方文化具有世界性意义，中国文化发展的趋向是走在前面的西方文化。当我们拿历史的眼光去观察时，所看见的只是"各民族都在那'生活本来的路'上走，不过因环境有难易，问题有缓急，所以走的路有迟速的不同，到的时候有先后的不同"。[②] 因而"肯往前看的人们，应该虚心接受这个科学工艺的世界文化和它背后的精神文明"。[③] 陈序经在 1934 年出版的《中国文化的出路》一书认为，"西洋现代文化，无论我们喜欢不喜欢去接受，它毕竟是现世的趋势"，世界任何一国都是采纳这种文化，都是朝向这种文化。因而"中国文化的出路，是要去彻底的西化。……不只在思想上，并且在实行上，都要趋于完全采纳西洋的文化"。[④] 第三次是二十世纪六十年代台湾和八十年代大陆的一些自由主义者的观点，如柏杨的"酱缸文化"论主张砸烂中国传统文化这口"酱缸"。金观涛认为中国文化的发展依靠自身的力量是无济于事的，必须用外来文化来打破中国传统文化的"超稳定系统"。纪录片《河殇》认为"黄色文明"已经无可挽回地衰落了，只有接受"大海的邀请"、融入"蔚蓝色文明"才能重新获得生机与活力。

　　从"全盘西化论"的历史发展与主要的思想观点来看，中国文化的现代化发展在根本上是一个以西方现代性文化取代中国文化的过程，彻底否定传

---

① 胡适. 充分世界化与全球化. 胡适论学近著（第一集）. 济南：山东人民出版社，1998. 437.
② 胡适. 读梁漱溟先生的《东西文化及其哲学》. 罗荣渠主编. 从"西化"到现代化. 北京：北京大学出版社，1997. 119.
③ 胡适. 试评所谓"中国本位的文化建设". 罗荣渠主编. 从"西化"到现代化. 北京：北京大学出版社，1997. 420.
④ 陈序经. 中国文化之出路. 罗荣渠主编. 从"西化"到现代化. 北京：北京大学出版社，1997. 363.

统文化、全盘接受西方现代性文化是一个必然的文化选择。在反对封建主义、反对国民党文化专制主义的背景下，"全盘西化论"的文化主张具有解放思想、凸现文化的时代性与沟通文化的普遍性的进步意义，但从总体上来看，"全盘西化"的"文化自觉"意识是站不住脚的，会在中国文化发展的实践中造成严重后果，不足以应对全球化进程中的文化交往。

"全盘西化"的"自觉"意识是一种非历史主义的态度。众所周知，全球文化交往在西方现代性文化的主导下，造成了一种尖锐的"现代性"矛盾，即普遍对传统的拒斥导致了历史的非连续性。在文化交往中，对传统的摒弃增加了人们追认自身历史的困难，使那些排斥自身历史文化的民族往往难以对某种形式的"总体性"或者是"普遍性"进行确认与认同。在一个相互依存的世界中，这种历史文化虚无主义的状态无疑会使该民族游离于世界历史发展的进程之外而处于边缘化状态。不仅如此，这种数典忘祖、否定传统文化的"自觉"意识只能使民族一脉相承的精神纽带丧失，只能使人们失去一个民族该有的自尊心与自信心，助长崇洋媚外之风，以至于在否定传统文化与为殖民主义辩护之间看不到不可逾越的鸿沟。可以说，在文化交往中如果背弃传统的话，那么现代化只能是殖民地化或半殖民地化。全盘否定传统文化的历史虚无主义显然是行不通的。马克思在谈到希腊艺术同现代的关系时曾经这样说，"一个成人不能再变成儿童，否则就变得稚气了。但是，儿童的天真不使成人感到愉快吗？他自己不该努力在一个更高的阶梯上把儿童的真实再现出来吗？在每一个时代，它固有的性格不是以其纯真性又活跃在儿童的天性中吗？为什么历史上的人类童年时代，在它发展得最完美的地方，不该作为永不复返的阶段而显示出永久的魅力呢？"[①] 所以，传统是必需的、是不能放弃的，"我们已经属于传统，我们始终已经被'抛入'传统，……传统具有一种决定我们在生成的过程中是什么的力量，不管我们是否意识到，传统总是影响并形成我们。"[②] 传统本身是无可指责的，即使传统存在着不合理性也只能证明现实社会存在的不合理性。

"全盘西化"是一种主观的臆想，是一种本末倒置的文化主张，不仅刻意介入了对整个西方文化的偏爱，而且从根本上忽视了一个民族历史悠久的灿烂文化，忽视了该文化主体在文化交往中所具有的适应现实需要的文化创新

---

① 马克思恩格斯选集. 第2版. 北京：人民出版社，1995，2：29.
② 刘放桐等编著. 现代西方哲学（修订本）（下）. 第2版. 北京：人民出版社，1990. 766.

能力以及相应的对外来文化的选择能力。因此，"全盘西化"这种想当然地进行文化选择的做法注定要走向失败。其实，任何传统文化都与特定的民族如血肉般不可分离，如果以"血液"置换的方式将它们剥离开来，推动一蹴而就的文化变迁，那么，这种机械拼接的"血液"与"肉体"很难融合在一起，嫁接过来的外来文化要素并不能永远压制或消除本民族的文化精神。文化特质的吸收不是想吸收就能吸收的，"倘使一个人胃力很弱，你只劝他多吃，仍是不中用的。"① 即便某些外来文化因子能够被吸收，但"行远必自迩"，"登高必自卑"，② 它们也必须经历民族自身的社会、经济、心理等长期的共同作用。如果在不具备相应的社会历史条件的情况下笼统植入外来文化的话，就不得不忍受"军国主义"和"金力主义"产生出的不少罪恶，不得不"受受赛先生发脾气时所给我们的亏"，③ 更为严重的是，这些西方现代性文化中的病毒"一旦植入另一个社会，便很难根除。病毒会继续存在但并不致命，病人能活下去，但永远不会是个完好的人"。④ 由此可见，"全盘西化"论是一种非此即彼的形而上学的思维方式，对它的践行是不明智的，也是相当愚蠢的。

（二）中国本位文化论

"就中国传统文化的发展历程而言，就中华民族固有文化传统类型而论，文化保守传统是最为深厚、最为持久，同时也最能够固摄人心的一种传统。"⑤ 自近代以来，伴随着"西学东渐"，在以儒家文化为主导的中国传统文化遭受到西方现代性文化的冲击与挑战而必须进行变革与转型之际，这种传统表现出了浓厚的文化本位论倾向，即在文化交往中，以继承、弘扬、光大传统文化为宗旨，以民族传统文化为本位来熔铸西方现代性文化，以求民族的发展与文化的进步。

"新儒学"是"中国本位文化"论的主流学派，它立足于对民族文化的自觉，肯认传统文化（主要是儒学）之优长，抨击西方工业文明的负面影响，主张复兴儒学以实现"返本开新"。建国前，在"打倒孔家店"的激进背景

① 张东荪. 现代的中国怎样要孔子?. 罗荣渠主编. 从"西化"到现代化. 北京：北京大学出版社，1997. 398.
② [宋]朱熹. 四书·中庸. 西安：陕西人民出版社，2000. 131.
③ 陈序经. 全盘西化的理由. 罗荣渠主编. 从"西化"到现代化. 北京：北京大学出版社，1997. 372.
④ [美]塞缪尔·亨廷顿. 文明的冲突与世界秩序的重建. 第3版. 北京：新华出版社，2002. 166.
⑤ 李宗桂. 传统文化与人文精神. 广州：广东人民出版社，1997. 25.

下，新儒家力主传统文化的复兴，从梁漱溟的"新孔学"，张君劢的"新宋学"，到抗战时期熊十力的"新唯识论"、冯友兰的"新理学"以及贺麟的"新心学"，新儒家们不仅确立人本主义的、道德形上学的精神方向，而且在理论上基本成熟，力图创造一种民族本位的、融纳现代民主科学的中西合璧的新文化；① 建国后，流落海外的知识分子在强烈的文化寻根意识支配下，掀起复兴中国传统文化的高潮，牟宗三、徐复观、张君劢、唐君毅在《为中国文化敬告世界人士宣言》中，呼吁西方应学习中国传统文化中"'当下即是'之精神与'一切放下'之襟抱"、"圆而神的智慧"、"温润而恻怛或悲悯之情"和"天下一家之情怀"，并力主由内圣开出新外王即返本开新（返传统儒学之本，开民主、科学之新）；② 改革开放后，围绕传统与现代化的问题，新儒家们主张以儒家传统为"唯一定盘针"来走向现代化，认为"儒家与现代化并不冲突，儒家亦不只是消极地去'适应'、'凑合'现代化，它更要在此中积极地尽它的责任。……即是表明从儒家内部的生命中即积极地要求这个东西，而且能促进、实现这个东西，……所以儒家之于现代化，不能看成个'适应'的问题，而应看成'实现'的问题"。③ 总之，本位主义没有什么不对，它"畅通中国的文化生命"，是"新外王"的基础，确保"新外王"事业的长久。

可见，在近代以来的文化交往中，中国本位文化论怀系对现代社会发展的关心与安顿民众灵魂的使命，从儒家传统中找寻现代社会的罗盘、寻觅生长民主与科学的种子，不仅捍卫了民族文化的尊严，使传统文化薪火相传，而且努力开拓，紧扣现代化的主题，积极构建传统文化的现代性价值。然而，伴随着文化交往的深入，中国本位文化论的的自觉意识越发显现出难以消解的困境。

一是传统文化至上特别是儒家道德本体论至上的观念论倾向。不可否认，传统"在保障文化的生命力方面是不可缺少的，它使记忆连贯"。④ 然而，"传统并不仅仅是管家婆，只是把她所接受过来的忠实地保存着，然后毫不改变

---

① 方克立. 现代新儒学与中国现代化. 天津：天津人民出版社，1997. 454.
② 牟宗三，徐复观，张君劢，唐君毅. 为中国文化敬告世界人士宣言. 封祖盛编. 当代新儒家（港台海外中国文化论丛）. 北京：三联书店，1989. 26—49.
③ 牟宗三. 从儒家的当前使命说中国文化的现代意义. 封祖盛编. 当代新儒家（港台海外中国文化论丛）. 北京：三联书店，1989. 156.
④ ［美］丹尼尔·贝尔. 资本主义文化矛盾. 北京：三联书店，1989. 24.

地保持着并传给后代。它也不像自然的过程那样，在它的形态和形式的无限变化与活动里，仍然永远保持其原始的规律，没有进步。这种传统并不是一尊不动的石像，而是生命洋溢的，有如一道洪流，离开它的源头愈远，它就膨胀得愈大。"① 这即是说，传统文化是流动的、变化的，它越是远离其源头，远离其诞生时的特定时空条件，它就越具有生命力。这是因为传统文化在传承的过程中只是"流"而不是"源"，真正的"源"是现实的实践活动。理论是灰色的，生活之树常青。因此，中国本位文化论的致命弱点不在于对传统文化的褒扬与对人在宗教层面上的终极考虑，而在于对传统文化所作的非历史主义分析，使传统文化脱离原有的社会政治、经济和文化背景，变成了一块随意取用的"敲门砖"（鲁迅语）。如"德先生"本是西方文化的东西，并不为中国传统文化所具备。但是，新儒家们却认为儒家的民本思想与现代民主仅一步之遥，由民本思想可以过渡到民主政治。然而，所谓的民本思想，鲁迅先生曾这样说，"孔夫子曾经计划过出色的治国的方法，但那都是为了治民众者，即权势者设想的方法，为民众本身的，却一点也没有。这就是'礼不下庶人'。"② 可见，儒家民本思想只是一种统治的伎俩，是统治者对百姓的愚弄与自欺欺人，与现代民主所要求的人格平等相去甚远。这样的民本思想如何能开出民主政治？又如何能作为中国现代化的唯一基础呢？因此，中国本位文化论，在回应全球化的文化交往的挑战时，只能重申一下传统文化尤其是道德本体论的价值，未能真正实现传统与现代的价值转换；在面对西方现代性文化霸权时，除了进行些许文字的斗争，如批判西方现代性文化的缺陷、宣扬传统文化价值对西方现代性文化缺陷的弥补功用而外，显然也是别无他法。

二是否认文化创新的怀疑论倾向。虽然新儒家自认为在消化西学、开展新外王方面是创新派，但在"返本"如何"开新"这个问题上始终找不到令人满意的答案。按照中国传统文化本位的理路来看，任何新外王都必然是服从于"内圣"而不敢与"内圣"相抵触的，因而"内圣"成为一个不能逾越的禁区。这无疑暗示着新的文化只是传统文化的解释者与叙述者，从根本上否认了文化创新的能力，与"开新"的意图相违背。同时，以中国传统文化为本位意味着传统文化具有不可比拟的优越性，一切新的文化要素皆包容在

---

① ［德］黑格尔. 哲学史讲演录. 北京：商务印书馆，1959，1：8.
② 鲁迅杂文书信选续编. 内部发行，1972. 259—260.

传统文化之中，德赛二先生均可记在儒家的名下。这样一来，创新有何用！因此，所谓的"返本开新"不过是"注不破经"。如果以这样的文化来参与文化交往、应对西方文化霸权，那么，交往双方在各自唯我独尊情结的支配下，就会在交织着民族性差异与时代性差异的文化交往中引发毁灭性的文化冲突。就此而论，"中国文化威胁论"的出现并非是空穴来风。所以，厚古薄今而否认文化创新的怀疑论倾向乃是一种自取灭亡的倾向，是万万不能取的。

（三）综合创新论

批判传统文化、迎接西方现代性文化的五四新文化运动，标志着近代中西文化冲突进入到精神文化层面。[①] 中国的传统文化该走向何处？一批接受马克思主义的知识分子提出了既不同于全盘西化论也不同于中国本位文化论的古今中西沟通互补的文化主张。在新民主主义革命的过程中、在社会主义建设的实践中，这一文化主张从不够成熟到比较成熟，终于达到了辩证综合的高度。

二十世纪三十年代，张岱年先生针对"中国本位文化建设"提出文化的"综合创造论"，"主张兼综东西两方之长，发扬中国固有的卓越的文化遗产，同时采纳西洋有价值的精良的贡献，融合为一，而创成一种新的文化，但不要平庸的调和，而要做一种创造的综合"。[②] 随后，毛泽东同志在一系列的文章与讲话中表示，"对于外国文化，排外主义的方针是错误的，应当尽量吸收进步的外国文化，以为发展中国新文化的借镜；盲目搬用的方针也是错误的，应当以中国人民的实际需要为基础，批判地吸收外国文化。……对于中国古代文化，同样，既不是一概排斥，也不是盲目搬用，而是批判地接收它，以利于推进中国的新文化。"[③] 这种对待文化的"全面的历史的方法"，毛泽东同志称之为"古今中外法"，即"弄清楚所研究的问题发生的一定的时间和一定的空间，把问题当作一定历史条件下的历史过程去研究。所谓'古今'就是历史的发展，所谓'中外'就是中国和外国，就是己方和彼方"。[④] 建国后，在"古今中外法"的基础上，毛泽东同志明确提出"古为今用，洋为中用"

---

① 洪晓楠. 文化哲学思潮简论. 上海：上海三联书店，2000. 47.
② 张岱年文集. 北京：清华大学出版社，1989，1；256.
③ 毛泽东选集. 北京：人民出版社，1967，横排袖珍本（一卷本）. 984.
④ 毛泽东文集. 北京：人民出版社，1993，2；400.

的思想。① 在二十世纪八十年代的文化讨论中，面对再次抬头的全盘西化论，张岱年先生结合新的时代特点和需要，进一步发展了辩证综合的文化观，明确提出"文化综合创新论"，他说："一方面要总结我国的传统文化，探索近代中国落后的原因，经过深入的反思，对其优点和缺点有一个明确的认识。另一方面，要深入研究西方文化，对西方文化作具体分析，对其缺点和优点也要有一个明确的认识。根据我国国情，将上述两个方面的优点综合起来，创新出一种更高的文化。"② 在此基础上，方克立先生进一步把"文化综合创新论"的理论观点概括为"古为今用、洋为中用、批判继承、综合创新"。③这就是对古今中外问题的比较全面的完整的回答，成为当今中国影响最大、得到最广泛认同的一种文化自觉意识，为中国文化发展与应对全球化的文化交往指出了正确的方向与现实的道路。

在文化的古今问题上，如果说全盘西化论者强调的是"今"的话，那么中国本位文化论者则更多地注重的是"古"；而"综合创新"论者则在唯物史观的基础之上意识到文化发展的古今结合。文化综合创新论的理论基础是马克思的唯物史观。马克思认为，人类历史的起点是生产劳动，因而"历史唯物主义的逻辑起点不是'人'，而是'人的生产劳动'"。④ 这意味着，文化综合创新论主张以实践为依托来实现文化的古今结合。任何文化都是人的文化，是对人的现实主体性的确证。人的现实主体性以历史的主体性为前提，因而历史的主体性作为既存的现实力量，构成了现时代文化必须面对的客观环境，必然要反映到现时代的文化中。另一方面，人的现实主体性以现实的社会实践为基础，因而文化又必然成为现实社会实践的话语方式才能反映现实的人的主体性。这表明，任何现时的新文化都既包含着旧文化的内容，从旧文化发展而来，又是新的现实的社会实践的话语方式。换句话说，从历史的主体性到现实的主体性，从"古"至"今"的历史的过程不是人能够恣意挥洒主体性的过程，而只能是人在历史和传统所规定的条件下通过其实践活动不断创造与提升主体性的过程，因而前后相继的主体性自身并不具有存在的合理性，而只有在现实的社会实践中，主体性才具有存在的合理性。在这个意义上，主体性的传递、文化的传承才具有现实的可操作性。否则就会像传统文

---

① 毛泽东书信选集. 北京：人民出版社，1983. 598.
② 张岱年文集. 北京：清华大学出版社，1995，6：490.
③ 方克立. 现代新儒学与中国现代化. 天津：天津人民出版社，1997. 490.
④ 叶汝贤. 马克思的唯物史观. 广州：广东高等教育出版社，2000. 289.

化本位论那样，"把死的主体看得比活的主体更重要，其实质是反主体主义"；抑或像全盘西化论那样，"割断历史，否定传统，任意挥洒一己之主体性"，[①]使主体内涵失却丰富性而显得空洞和虚无。由此可见，本位文化论与全盘西化论的思路是殊途同归的，不仅拒绝了文化选择的客观标准，而且忽略了文化对人的最本真的意义。因此，立足实践，对在历史时空中提升起来的无论多么伟大的主体性加以改进与转变，使古老的文化适应新的事物。在这样的语境之中，文化才能为人的发展提供条件，才能真正实现对人的终极关怀。文化综合创新论对主体性超越的呼唤无疑是求贤若渴。

在文化的中外问题上，西化论者认为中西之争就是古今之争，本位文化论者主张"中学为体，西学为用"，而文化综合创新论者则以"今中为体"，会通中西，实现文化发展的中外结合。文化综合创新论要求立足于现实的社会实践，特别是立足于中国的现实的社会实践；不仅要继承传统文化之精良、进一步发展传统文化，而且要尽可能地汲取西方文化的贡献，在综合二者的基础之上，创成一个新的文化。简而言之，文化综合创新论主张"以我为主兼取众长的中外互补说"。[②] 任何文化都具有鲜明的民族性，民族文化是文化综合创新的依托之地。自近代以来，民族之间相对隔离的坚冰日益被奔走于世界各地的资产阶级打破，继而建立起普遍的全球交往，使得任何民族的实践都与全球性的社会实践紧密相连，使得任何民族文化都处于外来文化的包围中，置身于世界文化发展的风雨里。在这样的形势下，如果把民族文化一股脑地扔进历史的垃圾堆的话，不仅是不可能的，而且是不必需的。因为此时对民族文化的认同才是大多数人的一个基本需求，民族文化成为凝聚共同体成员发展自身的核心力量。于是努力维护自己民族文化的特色与个性，保持自己民族文化应有的地位和价值是人们在文化交往中的第一要务。这正是立足于实践来实现文化综合创新所要面对的一个重要现实。"以我为主"不等于封闭自己的排外主义。既然任何民族文化都不可逃脱坠入世界文化之网的命运，那么若要维护自己的精神家园，必然要汲取比自己优秀的外来文化因子才能与世界文化齐头并进。世界文化寓于各民族文化之中，任何民族文化都是世界文化的一个部分，都有特殊的存在价值，都可以为他民族文化、为全球性问题提供思想的借鉴，都可以为提升人的主体性作出自己的贡献。这

---

① 徐长福. 文化分析的主体坐标. 学习与探索, 2000, 5: 76.
② 李宗桂. 传统文化与人文精神. 广州：广东人民出版社, 1997. 125.

里的问题在于，如果"汲取"是"抄袭"的话，那么结果则"只能是一种混合的揉合，只能是一种杂拌，连调和都说不上"，① 更不用说创新与发展了。因此，所谓"中体西用"的中国本位文化论并没有实现"我"的发展，尽管它实现了"以我为主"，但它走的始终是一条相对封闭的文化发展道路。可见，汲取并不是"抄袭"，而是"析取"。任何文化都不是铁板一块，它是可分的。文化作为一个具有结构和整体功能的、由许许多多复杂的文化因子构成的系统，整体与部分之间的关系具有可分离性与可兼容性。在文化交往中，外来文化系统中优秀的文化因子是可以经过改造而容纳到别的民族文化系统之中的。所以，来自各个不同民族文化系统中的优秀文化因子，只要它们是实践所需求的、且与民族文化的系统是兼容的，就有可能被综合而创造成一个新的文化系统。各个不同的新的文化系统在形式上相异，但在实质上却是相辅相成，相互补充的。正是在这个意义上，马克思认为，当交往成为世界交往并且以大工业为基础的时候，当各民族的各方面互相往来和互相依赖的时候，"由许多种民族的地方的文学形成了一种世界的文学"。②

总之，世界上始终有多种多样的文化，无论这些文化曾经拥有怎样的灿烂与辉煌，也不管它们曾经遭遇怎样的失败与苦痛，在历史的长河中，它们恰如《复活》中那个头发蓬乱的流浪老人所说，"信仰有很多种，灵魂却只有一个，你也有，我也有，他也有。那么各人只要相信各人的灵魂，大家就会联合起来了。人人保持住自己的原来的面目，大家就合成一个人了。"③

在全球化时代的文化交往中，"人人保持住自己的原来的面目，大家就合成一个人了。"这其中包含着多么发人深省的智慧和启悟啊！

---

① 张岱年文集. 北京：清华大学出版社，1989，1：265.
② 马克思恩格斯选集. 第 2 版. 北京：人民出版社，1995，1：276.
③ ［俄］列夫·托尔斯泰. 复活. 第 2 版. 北京：人民文学出版社，1996. 448.

参考文献

一、著作部分：

国内部分：

1. 马克思恩格斯选集. 第 2 版. 北京：人民出版社，1995，1—4.

2. 马克思恩格斯全集. 北京：人民出版社，第 1 版，2，3，4，19，23，46（上），46（下），47，49.

3. 马克思恩格斯全集. 北京：人民出版社，第 2 版，3，30.

4. 马克思. 1844 年经济学哲学手稿. 第 3 版. 北京：人民出版社，2000.

5. 列宁选集. 第 3 版. 北京：人民出版社，1995，1.

6. 列宁全集. 第 2 版. 北京：人民出版社，1990，46，55.

7. 毛泽东选集. 北京：人民出版社，1967，横排袖珍本（一卷本）.

8. 毛泽东文集. 北京：人民出版社，1993，2.

9. 毛泽东书信选集. 北京：人民出版社，1983.

10. 王宁，薛晓源主编. 全球化与后殖民批评. 北京：中央编译出版社，1998.

11. 俞可平主编. 全球化：西方化还是中国化. 北京：社会科学文献出版社，2002.

12. 王东，丰子义，聂锦芳主编. 马克思主义与全球化. 北京：北京大学出版社，2003.

13. 金民卿. 文化全球化与中国大众文化. 北京：人民出版社，2004.

14. 汪晖，陈燕谷主编. 文化与公共性. 第 2 版. 北京：三联书店，2005.

15. 王宁主编. 全球化与文化：西方与中国. 北京：北京大学出版社，2002.

16. 郁建兴. 全球化：一个批判性考察. 杭州：浙江大学出版社，2003.

17. 中华孔子学会，云南民族学院编. 经济全球化与民族文化多元发展. 北京：社会科学文献出版社，2003.

18. 中国现代国际关系研究所全球化研究中心编译. 全球化：时代的标识
——国外著名学者、政要论全球化. 北京：时事出版社，2003.

19. 陈筠泉，刘奔主编. 哲学与文化. 北京：中国社会科学出版社，1996.

20. 郭湛. 主体性哲学：人的存在及其意义. 昆明：云南人民出版社，2002.

21. 徐迅. 民族主义. 第2版. 北京：中国社会科学出版社，2005.

22. 任平. 交往实践与主体际. 苏州：苏州大学出版社，1999.

23. 李喜所编，陈尚胜. 五千年中外文化交流史（第一卷）. 北京：世界知识
出版社，2002.

24. 陈佛松. 世界文化史概要. 武汉：华中科技大学出版社，2001.

25. 沙莲香主编. 传播学. 北京：中国人民大学出版社，1990.

26. 吴伯凡. 孤独的狂欢. 北京：中国人民大学出版社，1998.

27. 韩震. 重建理性主义信念. 北京：北京出版社，1998.

28. 吴冠军. 多元的现代性. 上海：上海三联书店，2002.

29. 余英时. 现代儒学的回顾与展望. 北京：三联书店，2004.

30. 任平. 当代视野中的马克思. 南京：江苏人民出版社，2003.

31. 马戎，周星主编. 二十一世纪：文化自觉与跨文化对话（一）. 北京：北
京大学出版社，2001.

32. 罗钢，刘象愚主编. 后殖民主义文化理论. 北京：中国社会科学出版社，
1999.

33. 王列、杨雪冬编译. 全球化与世界. 北京：中央编译出版社，1998.

34. 邹广文. 人类文化的流变与整合. 长春：吉林人民出版社，1998.

35. 河清. 破解进步论. 昆明：云南人民出版社，2004.

36. 梁展编. 全球化话语. 上海：上海三联书店，2002.

37. 李鹏程. 当代文化哲学沉思. 北京：人民出版社，1994.

38. 兰久富. 社会转型期的价值观念. 北京：北京师范大学出版社，1999.

39. 张京媛主编. 后殖民理论与文化批评. 北京：北京大学出版社，1999.

40. 陈伯海. 中国文化之路. 上海：上海文艺出版社，1992.

41. 程光泉. 全球化与价值冲突. 长沙：湖南人民出版社，2003.

42. 乐黛云. 跨文化之桥. 北京：北京大学出版社，2002.

43. 陈刚. 西方精神史（上卷）. 南京：江苏人民出版社，2000.

44. 柳礼泉主编. 撞击与升华——改革实践过程中对人们思想的影响. 长沙：

湖南大学出版社，2002.

45. 柯可主编. 文化产业论. 广州：广东经济出版社，2001.

46. 张岱年. 文化与价值. 北京：新华出版社，2004.

47. 李宗桂. 传统文化与人文精神. 广州：广东人民出版社，1997.

48. 衣俊卿. 现代化与文化阻滞力. 北京：人民出版社，2005.

49. 罗荣渠主编. 从"西化"到现代化. 北京：北京大学出版社，1997.

50. 刘放桐等编著. 现代西方哲学（修订本）（下）. 第2版. 北京：人民出版社，1990.

51. 方克立. 现代新儒学与中国现代化. 天津：天津人民出版社，1997.

52. 封祖盛编. 当代新儒家. 北京：三联书店，1989.

53. 洪晓楠. 文化哲学思潮简论. 上海：上海三联书店，2000.

54. 叶汝贤. 马克思的唯物史观. 广州：广东高等教育出版社，2000.

55. 张岱年文集. 北京：清华大学出版社，1989，1；1995，6.

56. 叶汝贤，王征国. 中国改革的价值选择. 广州：中山大学出版社，2001.

57. 田丰. 文化进步论. 广州：广东高等教育出版社，2002.

58. 徐长福. 理论思维与工程思维. 上海：上海人民出版社，2002.

59. 丰子义，杨学功. 马克思的"世界历史"理论与全球化. 北京：人民出版社，2002.

60. 樊锐. 地球村. 北京：人民出版社，2005.

61. 王逢振主编. 全球化症候（先锋译丛6）. 天津：天津社会科学院出版社，2001.

62. 韦森. 文化与制序. 上海：上海人民出版社，2003.

63. 汪行福. 走出时代的困境——哈贝马斯对现代性的反思. 上海：上海社会科学院出版社，2000.

64. 郑召利. 哈贝马斯的交往行为理论. 上海：复旦大学出版社，2002.

65. 吴春华主编. 当代西方自由主义. 北京：中国社会科学出版社，2004.

66. 袁贵仁. 马克思的人学思想. 北京：北京师范大学出版社，1996.

67. 杨善民，韩锋. 文化哲学. 济南：山东大学出版社，2002.

68. 杨启光编著. 文化哲学导论. 广州：暨南大学出版社，1999.

69. 陈力丹. 精神交往论. 北京：开明出版社，1993.

70. 陈筮泉，李景源等著. 新世纪文化走向. 北京：社会科学文献出版社，

1999.

71. 傅吉元. 人性缺陷与文化控制. 北京：知识产权出版社，2011.

72. 马广利. 文化霸权：后殖民批评策略. 北京：光明日报出版社，2011.

73. 常士闇主编. 异中求和. 北京：人民出版社，2009.

74. 黄力之，张春美主编. 马克思主义文化哲学与现代性. 上海：上海三联书店，2006.

75. 欧阳哲生. 二十世纪中国文化. 北京：北京大学出版社，2010.

76. 邹诗鹏，乔治·麦克林. 全球化与存在论差异. 武汉：湖北人民人出版社，2006.

77. 季羡林. 季羡林文化沉思录. 北京：中国工人出版社，2009.

78. 马德普等. 普遍主义与多元文化. 北京：人民出版社，2010.

79. 李大钊全集. 北京：人民出版社，2006.

80. 梁漱溟. 东西方文及其哲学. 北京：商务印书馆，1999.

国外部分：

81. ［美］罗兰·罗伯森. 全球化. 上海：上海人民出版社，2000.

82. ［英］戴维·赫尔德等. 全球大变革. 北京：社会科学文献出版社，2001.

83. ［英］约翰·汤姆林森. 全球化与文化. 南京：南京大学出版社，2002.

84. ［美］莱斯特·瑟罗. 资本主义的未来. 北京：中国社会科学出版社，1998.

85. ［德］哈拉尔德·米勒. 文明的共存. 北京：新华出版社，2002.

86. ［德］奥斯瓦尔德·斯宾格勒. 西方的没落. 北京：商务印书馆，1963.

87. ［英］爱德华·泰勒. 人类学——人及其文化研究. 桂林：广西师范大学出版社，2004.

88. ［英］爱德华·泰勒. 原始文化. 桂林：广西师范大学出版社，2005.

89. ［美］斯塔夫里·阿诺斯. 全球通史：1500年前的世界. 上海：上海社会科学院出版社，1988.

90. ［美］韦尔伯·施拉姆. 大众传播媒介与社会发展. 北京：华夏出版社，1990.

91. ［德］卡尔·雅斯贝尔斯. 历史的起源与目标. 北京：华夏出版社，1989.

92. ［美］阿尔温·托夫勒，海蒂·托夫勒. 创造一个新的文明. 上海：上海三联书店，1996.

93. 〔德〕迪特·森格哈斯. 文明内部的冲突与世界秩序. 北京：新华出版社，2004.

94. 〔美〕塞缪尔·亨廷顿. 文明的冲突与世界秩序的重建. 第 3 版. 北京：新华出版社，2002.

95. 〔英〕冯·哈耶克. 自由秩序原理. 北京：三联书店，1997.

96. 〔德〕黑格尔. 小逻辑. 第 2 版. 北京：商务印书馆，1980. 39.

97. 〔英〕安东尼·吉登斯. 现代性的后果. 南京：译林出版社，2000.

98. 〔德〕恩斯特·卡西尔. 人论. 第 2 版. 北京：西苑出版社，2004.

99. 〔英〕迈克·费瑟斯通. 消费文化与后现代主义. 南京：译林出版社，2000.

100. 〔英〕保罗·哈里森. 第三世界：苦难·曲折·希望. 北京：新华出版社，1984.

101. 〔英〕马丁·阿尔布劳. 全球时代. 北京：商务印书馆，2001.

102. 〔德〕卡尔·雅斯贝尔斯. 时代的精神状况. 上海：上海世纪出版集团，上海译文出版社，2003.

103. 〔美〕弗朗西斯·福山. 历史的终结及最后之人. 北京：中国社会科学出版社，2003.

104. 〔美〕伊曼努尔·华勒斯坦. 自由主义的终结. 北京：社会科学文献出版社，2002.

105. 〔英〕斯图亚特·西姆. 德里达与历史的终结. 北京：北京大学出版社，2005.

106. 〔法〕雅克·德里达. 马克思的幽灵. 北京：中国人民大学出版社，1999.

107. 〔英〕汤林森. 文化帝国主义. 上海：上海人民出版社，1999.

108. 〔德〕孔汉思，库舍尔编. 全球伦理——世界宗教议会宣言. 成都：四川人民出版社，1997.

109. 〔德〕伽达默尔. 真理与方法（上）. 上海：上海译文出版社，1999.

110. 〔日〕星野昭吉. 全球政治学. 北京：新华出版社，2000.

111. 〔英〕C·W·沃特森. 多元文化主义. 长春：吉林人民出版社，2005.

112. 〔美〕约翰·奈斯比特. 大趋势. 北京：中国社会科学出版社，1984.

113. 〔意〕圭多·德·拉吉罗. 欧洲自由主义史. 长春：吉林人民出版社，2001.

114. 〔美〕爱德华·萨义德. 东方学. 北京：三联书店，1999.

115. ［美］爱德华·萨义德. 文化与帝国主义. 北京：三联书店，2003.

116. ［美］欧文·拉兹洛. 多种文化的星球. 北京：社会科学文献出版社，2001.

117. ［美］詹姆斯·多尔蒂，小罗伯特·普法尔茨格拉夫. 争论中的国际关系理论. 北京：世界知识出版社，2002.

118. ［美］E·R·塞维斯. 文化进化论. 北京：华夏出版社，1991.

119. ［美］菲利普·巴格比. 文化：历史的投影. 上海：上海人民出版社，1987.

120. ［德］黑格尔. 历史哲学. 上海：世纪出版集团，上海书店出版社，2001.

121. ［美］马尔库塞. 单向度的人. 上海：上海译文出版社，1989.

122. ［美］弗罗姆. 逃避自由. 北京：工人出版社，1987.

123. ［美］爱德华·赛义德. 赛义德自选集. 北京：中国社会科学出版社，1999.

124. ［美］伊曼纽尔·沃勒斯坦. 现代世界体系. 北京：高等教育出版社，1998，1.

125. ［德］马克斯·霍克海默，西奥多·阿道尔诺. 启蒙辩证法（哲学断片）. 上海：上海人民出版社，2003.

126. ［美］丹尼尔·贝尔. 资本主义文化矛盾. 北京：三联书店，1989.

127. ［法］魏明德. 全球化与中国——一位法国学者谈当代文化交流. 北京：商务印书馆，2002.

128. ［英］汤因比，［日］池田大作. 展望二十一世纪：汤因比与池田大作对话录. 第2版. 北京：国际文化出版公司，1997.

129. ［美］詹明信. 晚期资本主义文化逻辑. 北京：三联书店，1997.

130. ［德］黑格尔. 哲学史讲演录. 北京：商务印书馆，1959，1.

131. ［英］特瑞·伊格尔顿. 文化的观念. 南京：南京大学出版社，2001.

132. ［德］赖纳·特茨拉夫. 全球化压力下的世界文化. 南昌：江西人民出版社，2001.

133. ［英］安东尼·吉登斯. 失控的世界. 南昌：江西人民出版社，2001.

134. ［加］马歇尔·麦克卢汉. 理解媒介. 北京：商务印书馆，2000.

135. ［加］查尔斯·泰勒. 现代性之隐忧. 北京：中央编译局出版社，2001.

136. ［德］尤尔根·哈贝马斯. 重建历史唯物主义. 北京：社会科学文献出版社，2000.

137. ［德］哈贝马斯. 哈贝马斯精粹. 南京：南京大学出版社，2004.

138. ［德］尤尔根·哈贝马斯. 交往行为理论. 上海：世纪出版集团，上海人民出版社，2004.

139. ［加］D. 保罗·谢弗. 文化引导未来. 北京：社会科学文献出版社，2008.

140. ［美］泰勒·考恩. 创造性破坏. 上海：世纪出版集团，上海人民出版社，2007.

141. ［英］齐格蒙特·鲍曼. 作为实践的文化. 北京：北京大学出版社，2009.

142. ［英］迈克·费瑟斯通. 消解文化. 北京：北京大学出版社，2009.

143. ［美］马克·里拉，罗纳德·德沃金，罗伯特·西尔维斯编. 以赛亚·伯林的遗产. 北京：新星出版社，2006.

144. ［美］西里尔·布莱克. 比较现代化. 杨豫译. 上海：上海译文出版社，1996.

145. ［英］拉雷恩. 意识形态与文化身份：现代性与第三世界在场. 上海：上海教育出版社，2005.

二、论文部分：

146. 任平. 资本全球化与马克思——马克思哲学的出场语境与本真意义. 哲学研究，2002，12.

147. 费孝通. 反思·对话·文化自觉. 北京大学学报（哲学社会科学版），1997，3.

148. 俞祖华. 近代中国激进主义思潮研究述评. 学术月刊，2005，8.

149. 扈海鹂. 全球化与文化整合. 哲学研究，2000，1.

150. 2000 年社会学在中国——研究进展状况及热点难点问题. 社会学研究，2001，2.

151. 王沪宁. 文化扩张与文化主权. 复旦学报（社会科学版），1994，3.

152. 刘小枫. 利益重于文化. 21 世纪，1993，10.

153. 徐岱. 反本质主义与美学的现代形态. 文艺研究，2000，3.

154. 徐长福. 文化分析的主体坐标. 学习与探索，2000，5.

155. 徐长福. 论个别性与本质主义的矛盾. 复旦学报（社会科学版），2001，5.

156. 张岱年、王东. 中华文明的现代复兴和综合创新. 教学与研究，1997，5.

三、工具书部分：

157. 中国大百科全书（哲学卷Ⅰ）. 北京：中国大百科全书出版社，1987.

158. 美国传统辞典. 金山词霸，2002.

159. 现代汉语词典. 修订第 3 版. 北京：商务印书馆，1996.

160. 辞海（哲学分册）. 上海：上海辞书出版社，1980.

161. CEI 中国行业发展报告（2004）——传媒业. 北京：中国经济出版社，2005.

162. ［英］雷蒙·威廉斯. 关键词——文化与社会的词汇. 北京：三联书店，2005.

四、外文部分：

163. CHARLES TAYLOR. The Politics Of Recognition. Edited and Introduced by AMY GUTMAN. Multiculturalism：Examing The Politics of Recognition. Princeton University Press，1994.

164. H. NED SEELYE, ALAN SEELYE-JAMES. Culture clash. Lincolnwood, Illinois USA，1995.

165. ANDREW MILNER, JEFF BROWITT. Contemporary Cultural Theory. Routledge, 2002.

166. ROLAND ROBERTSON. Values and globalization：communitarianism and globality. Edited by ROLAND ROBERTSON and KATHLEE E. WHITE. Globalization, Volume IV, Culture and Identity. Routledge, 2003.

167. CHAN, JOSEPH. Disneyfying and Globalizing a Chinese Legend Hua-Mulan：A Study of Transculturation. In JOSEPH CHAN and BRYCE MCLNTYRE（eds.）. In Search of Boundaries：Communication, Nation-State and Cultural Identities. Westport，CT：Ablex，2002.

168. ROBERT A. SKALAPINO. Economic Globalization and Its Impact upon Culture. 中华孔子学会，云南民族学院编. 经济全球化与民族文化多元发展. 北京：社会科学文献出版社，2003.

169. KARL MARK and FREDERICK ENGELS. The German Ideology. KARL MARK FREDERICK ENGELS Collected Works, Volume 5. Progress Publishers, Moscow，1976.

后　记

　　2003年，我有幸拜于中山大学哲学系叶汝贤教授门下攻读博士学位，深切感受了叶老师的仁厚、谦和、儒雅与严谨。在康乐园的3年里，学生在做人、做事方面上的每一点进步都记载着叶老师无尽的勉励与关怀；在离开康乐园后的日子里，叶老师对我的关心与帮助更是时时让人感动。然而，2009年10月，叶老师带着对这个世界无限的眷恋驾鹤西去了。学生心中一片茫然、孤寂，不时浮现出那个在病榻上还在教我为人与为学的老人……自1997年父亲仙逝后，我又失去一位指引我前进方向的可以亲近的长者……

　　本书是在我的博士论文的基础上修改完成的。本书从选题、主要资料的收集、写作提纲的拟定到初稿的完成等关键环节都倾注了叶老师大量的心血。特别是在选题论证方面，叶老师循循善诱，总是在交流中不断地提出有助于进一步开阔视野与启迪思维的新问题，使我在近10年的时间里始终有着明确的研究方向。如今，修改后的博士论文付梓出版。我想在另一个世界的叶老师一定会略感欣慰吧！

　　一路走来，感谢给予我鼓励与支持的郁建兴老师、徐长福老师、旷三平老师、刘森林老师、王晓升老师、徐俊忠老师、李尚德老师，从他们的授课、交流与著作中，学生增长了见识，开拓了视野，收获了许多助我完善与成长的东西。

　　感谢近20年来始终无私关怀与帮助我的黎玉琴教授及其夫人罗群教授！感谢肇庆学院与我相识相知的同事们！自2006年来到肇庆学院，美丽的七星湖畔、秀美的北岭山下，如诗如画又充满人性力量的砚园使我对生活、对工作有了别样的理解与感悟。

　　人生的每一步都离不开家人默默的支持。感谢我的家人给予我的无以伦比的幸福与快乐！

世界图书出版公司的赵泓编辑、邢小芹老师为本书的出版付出了辛勤的劳动。肇庆学院学术著作出版基金、广东省社科规划办"十二五"青年项目对本书的出版予以资助。在此一并谢过！

李佩环

2013.7 于砚园